KOMMA IGÅNG MED VISION PRO

DEN VANSINNIGT ENKLA GUIDEN TILL ATT FÖRSTÅ OCH ANVÄNDA VISIONOS OCH SPACIAL COMPUTING

SCOTT LA COUNTE

ANAHEIM, KALIFORNIEN

www.RidiculouslySimpleBooks.com

Ansvarsfriskrivning: Observera att även om alla ansträngningar har gjorts för att säkerställa korrektheten, är denna bok inte godkänd av Apple, Inc. och bör betraktas som inofficiell.

Innehållsförteckning

INLEDNING

Utforska den revolutionerande världen av spatial databehandling som väcks till liv av Apples senaste innovation, Apple Vision Proffs.

Den här guiden handlar inte bara om att förstå en enhet; den handlar om att ta steget in i framtiden för spatial computing. För personer som äger en Vision Pro kommer den att visa hur man använder den; för dem som bara är nyfikna på enheten kommer den att visa vad den kan och hjälpa dig att avgöra om den är något för dig.

Den här guiden går igenom funktionerna, designen och förändringspotentialen hos denna banbrytande enhet. Det är en utforskning av hur Vision Pro omdefinierar områdena produktivitet, underhållning, anslutningsmöjligheter och spatial databehandling.

Du kommer att lära dig:

- **Navigera runt i operativsystemet**: Avslöja de intuitiva interaktionsfunktionerna i Vision Pro, inklusive ögonrörelser, handgester och röstkommandon.
- **Omvandling av arbetsytan**: Lär dig hur den här enheten överskrider skärmens

begränsningar och gör det möjligt för användare att integrera och skala applikationer i sin fysiska miljö, vilket revolutionerar dynamiken i arbetsytan.

- **Förhöjd upplevelse av underhållning:** Upptäck hur Vision Pro förvandlar vilket rum som helst till en personlig biograf och erbjuder en oöverträffad underhållningsupplevelse med avancerad bild- och ljudteknik.
- **Fånga och återuppleva i 3D:** Fördjupa dig i funktionerna hos Apples första 3D-kamera, som gör det möjligt för användare att ta spatiala foton och videor, vilket ger en ny dimension till minnesbevarande.
- **Omdefiniering av digital uppkoppling:** Förstå hur Vision Pro förbättrar virtuella interaktioner och gör digitala möten och samarbeten mer uppslukande och effektiva.
- Och mycket mer!

Apple Vision Pro är en blandning av digitala och fysiska realiteter som skapar upplevelser man tidigare trodde var omöjliga. Genom den här boken kommer läsarna att få en grundlig förståelse för Vision Pros funktioner och den potential den har att förändra vardagen.

Obs: Den här guiden har tagits fram för att förbättra din upplevelse av Vision Pro-upplevelsen. Även om den inte är officiellt godkänd av Apple,

Inc. innehåller den en mängd kunskap och tips som hjälper dig att få ut mesta möjliga av din enhet.

[1]
ATT LÄRA KÄNNA VISIONEN PRO

VEM ÄR DEN HÄR GREJEN TILL FÖR?!

Vision Pro är en revolutionerande enhet. Att sätta på sig den för första gången är... det är en upplevelse bortom alla ord. Jag skulle kunna lovprisa dess uppslukande och verklighetstrogna egenskaper i all oändlighet, men ord kan helt enkelt inte fånga dess essens. Det är inget annat än otroligt. När jag använde den första gången kunde jag bara tänka på hur mitt barn om några år skulle kunna använda den här tekniken i skolan, vilket skulle kunna förändra utbildningen. Tänk att inte ens behöva gå till skolan fysiskt - eleverna kan interagera och se sina kamrater som om de vore precis där med dem.

Så det är för alla, eller hur? Jo, på sätt och vis, men inte riktigt än. Om du har 3 500 dollar att avvara, varför inte köpa den? Du kan lika gärna köpa en till din mindre lyckligt lottade vän också! Men för de allra flesta av oss är Vision Pro fortfarande utom räckhåll - för tillfället. Den finns i horisonten; precis som iPhone revolutionerade vårt dagliga liv kommer Vision Pro att göra detsamma. Den kommer att bli billigare och lättare. Den är redan utmärkt, men det finns alltid utrymme för förbättringar.

För att vara tydlig: Vision Pro inte är en betaprodukt. Det är en fulländad enhet som överträffar alla andra i sitt slag. Det är inte ens en rättvis jämförelse med andra headset.

Men vem är den egentligen till för? Det finns många användningsområden. Utvecklare är till exempel en viktig målgrupp; om du vill ligga i framkant med en teknik som kommer att omforma vårt arbete och våra interaktioner, då är Vision Pro oumbärlig. Det är ett måste för att förstå och skapa för den här nya plattformen. För dem som reser mycket är Vision Pro en revolutionerande lösning som erbjuder ett stort virtuellt kontorsutrymme när det fysiska utrymmet är begränsat. Detta gäller även för distansarbetare som inte har en egen arbetsplats; den gör det möjligt att fokusera i mindre bra miljöer - se bara till att du har en bekväm stol för att undvika nackspärr, som kan uppstå även med bra stöd. Det är också den ultimata underhållningsenheten för filmentusiaster; det utlovar en upplevelse som är överlägsen vilken TV du än äger, även om det kommer med ett förbehåll för isolering - du kan inte dela en film på soffan med någon om de inte har sitt eget headset.

Om du oroar dig för migrän och åksjuka kan du vara säker på att dessa problem handlar mindre om upplevelsen och mer om att enhetens vikt orsakar muskelspänningar. Även om individuella erfarenheter kan variera, är de flesta överens om att rörelsesjuka som förknippas med andra headset inte är ett problem med Vision Proffs. Du kanske känner dig lite konstig de första gångerna du tar av dig den, men det beror till stor del på inlevelsen - din hjärna anpassar sig till nya upplevelser. Det är viktigt att du vänjer dig gradvis. Ha inte bråttom in i aktiv rörelse; luta dig istället tillbaka, slappna av och acklimatisera dig till denna nya upplevelse. Jag skulle rekommendera att du inte gör mer än 20 eller 30 minuter åt gången när du först börjar använda det; och jag vet att det kommer att vara väldigt frestande att tänja på gränserna eftersom det är så roligt.

Vi står inför en teknisk revolution, och eftersom nya tillämpningar utvecklas varje dag kommer Vision Pro bara bli ännu bättre. Om du inte är övertygad om att Vision Pro är något för dig är det förståeligt, men överväg att återkomma om några år.

VAD HÄNDER OM JAG HAR ETT MEDICINSKT VILLKOR

Så kanske Vision Pro vara något för dig, men vad händer om du har en tendens till migrän, är gravid eller har något annat hälsoproblem? Då kanske Vision Pro inte är något för dig. Hur kan du vara säker: prata med din läkare innan du använder den.

Om du får grönt ljus från din läkare kommer här några tips:

- Börja sittande och gå sedan över till mindre uppslukande upplevelser.
- Håll sessionerna korta och bra, med gott om pauser.
- Om du känner obehag, yrsel eller ansträngda ögon är det dags att ta en paus.

För personer med medicinsk utrustning som pacemakers, hörapparater eller defibrillatorer kan din nya tekniska kompis, Vision Pro, vara lite för magnetisk. Även här är det därför bäst att rådfråga din läkare eller tillverkaren av enheten innan du använder Vision Pro.

Om allt är bra, kom ihåg:

- Håll ett säkert avstånd mellan Vision Pro och all medicinsk utrustning.
- Om du märker att enheten störs är det bäst att sluta använda headsetet.

Här är några tydliga tecken på att du bör ta en paus eller uppsöka läkare:

- Alla symptom relaterade till ditt medicinska tillstånd dyker upp.

- Du har fått klartecken från din läkare men känner dig fortfarande fysiskt obekväm, yr eller visuellt ansträngd.
- Du märker av hudirritation, svullnad eller klåda under eller efter användning.

Att använda Apple Vision Pro kan vara fantastiskt, men din hälsa bör naturligtvis vara högsta prioritet. Rådgör alltid med din vårdgivare för att säkerställa en säker och njutbar upplevelse. Det är alltid bättre att vara på den säkra sidan.

APPLE VISION PRO MED RECEPTBELAGDA GLAS

Vad händer om du tror att Vision Pro är något för dig, men du är som många andra: du bär glasögon. Goda nyheter! Du kan inte använda dina glasögon direkt med Vision Pro (du kan dock använda kontaktlinser), men det finns en lösning: Zeiss optiska insatser. De är specialdesignade för Vision Pro och passar ett brett spektrum av ordinationer, inklusive dem för astigmatism. Om dina glasögon har ett prismavärde är dessa insatser tyvärr ännu inte ett alternativ.

Behöver du dem? Jag behöver bara glasögon för att se långt bort, så jag trodde inte att jag skulle spendera 149 dollar, men jag är glad att jag gjorde det. Den sitter rakt på mitt ansikte, så varför bry sig? För att djupet i bilden kan vara långt borta. Jag har provat med och utan den, och den är bättre med den.

För att få dessa insatser behöver du ett recept som innehåller ditt fullständiga namn, födelsedatum och uppgifter om din ögonläkare. Kom ihåg att receptet ska täcka både dina behov av när- och fjärrkorrektion och att det inte får vara utgånget. Och här är ett tips: recept på kontaktlinser kommer inte att göra susen här.

Om du gillar progressiva eller bifokala glas har du tur, eftersom dessa insatser tillgodoser de flesta sådana behov. När du har skickat in ditt recept får du svar inom en dag om dina anpassade insatser finns tillgängliga. Det tog mig mindre än 5 timmar, och även om det stod att det skulle ta tre veckor var de på väg till min dörr vid lanseringen.

Om du är mer intresserad av att läsa den senaste bästsäljaren kan du välja Zeiss Optical Inserts - Readers. De finns i olika styrkor för att matcha dina läsglasögon. Men om du börjar kisa eller känner dig obekväm när du använder Vision Pro, kan det vara dags att kontakta en ögonläkare för att få ett mer passande recept.

Om du använder mjuka enkelslipade kontaktlinser behöver du inga extra insatser. Användare av hårda linser kan dock stöta på problem med ögonstyrning. I sådana fall kan du överväga Zeiss Optical Inserts eller en alternativ kontrollmetod, som Pointer Control.

Vad händer om du har genomgått monovisionskirurgi eller använder monovisionskontakter? Du kommer att behöva byta till Zeiss optiska skär baserat på ett glasögonrecept.

Vision Pro är ett tekniskt underverk som använder din blick för att navigera. Men om du har problem med hängande ögonlock, skelning eller nystagmus kanske den här funktionen inte fungerar lika smidigt. Men oroa dig inte. Vision Pros tillgänglighetsfunktioner funktioner kommer till undsättning och låter dig navigera med hjälp av handled, huvudrörelser, fingergester eller röstkommandon.

SLAGET OM VR

Jag är säker på att när du hörde talas om Vision Pro, var en av de första sakerna du sa: "Det är mycket pengar! Mer än nästan alla andra VR-headset på marknaden." Apple kommer att säga: "Det här är inte ett VR-headset - det är spatial computing." Men det hindrar inte jämförelsen med andra enheter. I det här avsnittet tar vi en titt på tre headset: Meta Quest 3 (utan tvekan det mest populära), PSVR 2 (för spelare) och HoloLens 2 (Microsofts svar på mixed reality och ett av de bästa headseten som finns för företag), och vi ska se hur de står sig mot Vision Pro.

META QUEST 3

När det gäller VR är Meta Quest det som alla brukar hoppa på. Headsetet har fått många att reagera i flera år med varje ny generation av enheten. Låt oss ta en titt på hur de två kan jämföras.

Pris och överkomlighet

- Meta Quest 3: Med ett pris på 499 USD positioneras Meta Quest 3 som ett mer prisvärt alternativ på VR-marknaden. Denna prissättningsstrategi tyder på ett mål att locka en bredare konsumentbas.

- Apple Vision Pro: Vision Pro kostar 3 499 USD och är en avancerad enhet som riktar sig till en nischmarknad. Dess premiumpris återspeglar dess avancerade funktioner och riktar sig sannolikt till proffs eller entusiaster som vill ha bästa möjliga VR/AR-upplevelse.

Operativsystem och ekosystem

- Meta Quest OS: Quest 3 körs på Meta Quest OS, en plattform som har utvecklats från Oculus ekosystem och som är känd för sitt robusta bibliotek av spel och applikationer.

- visionOS: Apples vision Pro körs på visionOS, som erbjuder sömlös integration med andra Apple-produkter och tjänster. Detta Quest OS är inte unituitive, men Vision OS ger en mer enhetlig och potentiellt mer användarvänlig upplevelse, särskilt för befintliga Apple-användare.

Kontrollmekanismer

- Meta Quest 3: Använder uppdaterade Touch-kontroller, vilket bibehåller en form av fysisk interaktion som är bekant för många VR-användare.

- Apple Vision Proffs: Erbjuder en kontrollfri upplevelse med hjälp av ögonspårning och handgester. Denna avancerade metod ger en mer uppslukande och intuitiv användarupplevelse.

Kvalitet på bildskärmen

- Meta Quest 3: Har en LCD-skärm med en upplösning på 2064x2208 per öga, vilket ger en tydlig och levande visuell upplevelse.

- Apple Vision Proffsigt: Dubbla 4k micro-OLED-skärmar, vilket är avgörande för professionella applikationer och avancerade spel.

Processorkraft

- Meta Quest 3: Drivs av Snapdragon XRGen 2-processorn, vilket ger smidig prestanda i vanliga VR-applikationer.

- Apple Vision Proffs: Utrustad med Apples kiselchip M2, känt för sin effektivitet och kraft, vilket indikerar potentiellt bättre prestanda, särskilt i mer krävande applikationer.

Design och komfort

- Meta Quest 3: Erbjuder en uppdaterad Quest-formfaktor, 40% lättare och smalare än sin föregångare, med fokus på användarkomfort vid långvarig användning.

- Apple Vision Proffsig: Använder en premium, lättviktig skidglasögondesign; Quest är något lättare, men båda är tunga enheter som tar lite att vänja sig vid. Apples remmar känns dock mycket mer premium.

Sensorteknik

- Meta Quest 3: Använder främre kameror för AR och spårning, vilket är tillräckligt för allmänna VR-upplevelser.
- Apple Vision Proffs: Innehåller över ett dussin kameror för avancerad AR, irisskanning, som alla erbjuder ett mer sofistikerat tillvägagångssätt för användarinteraktion och kartläggning av miljön.

Ljudupplevelse

- Meta Quest 3: Inkluderar inbyggda högtalare och ett 3,5 mm-uttag, vilket ger standardljudfunktioner.
- Apple Vision Proffs: Har avancerat spatialt ljud med högupplösta högtalare som gör VR/AR-upplevelsen ännu mer inlevelsefull och realistisk.

IPD-justering

- Meta Quest 3: Med en fysisk justeringsratt kan användaren manuellt ställa in interpupillärt avstånd för komfort och tydlighet.
- Apple Vision Proffsig: Linserna justeras automatiskt, vilket ger en mer användarvänlig upplevelse och potentiellt bättre synkvalitet för ett större antal användare.

Kapacitet för spårning

- Meta Quest 3: Fokuserar på handkontrollen och viss handspårning, vilket är tillräckligt för de flesta aktuella VR-tillämpningar.

- Apple Vision Proffsig: Erbjuder rörelseinspelning av hela kroppen via kameror, en funktion som kan revolutionera VR-interaktioner och öppna nya möjligheter i olika tillämpningar.

Alternativ för lagring

- Meta Quest 3: Börjar på 128 GB, med en 512 GB-version som det ryktas om, vilket ger gott om utrymme för spel och appar.

- Apple Vision Pro: Vision Pro finns med 256 GB, 512 GB och 1 TB.

Genomskinlig kamera Kvalitet

- Meta Quest 3: Med genomskinlig färgåtergivning som förbättrar AR-upplevelsen.

- Apple Vision Proffs: Erbjuder otroligt högupplöst passthrough, vilket sätter en ny standard för tydlighet och realism i AR-applikationer. Meta Quest passthrough är kornigt i situationer med svagt ljus; det är tillräckligt för att veta var du är i ett rum, men inte alls som HD på Vision Pro.

Batteri Livslängd och bärbarhet

- Meta Quest 3: Ger 2 till 2,5 timmars batteritid, vilket är typiskt för dagens VR-headset.

- Apple Vision Proffsig: Ger upp till 2 timmars användning, vilket är rimligt med tanke på dess avancerade funktioner. Vision Pro väger cirka 1,3 kilo, vilket är något tyngre än Quest 3.

Meta Quest 3 och Apple Vision Pro tillgodoser olika segment av VR/AR-marknaden. Quest 3 erbjuder en prisvärd, användarvänlig upplevelse som passar för spel och allmänna VR-tillämpningar. Vision Pro är däremot en premiumenhet som tänjer på gränserna för VR/AR-teknik och riktar sig till proffs och entusiaster som vill ha en så avancerad upplevelse som möjligt.

Många föreslår att om Vision Pro inte ryms inom din budget, är Quest 3 ett bra alternativ. Jag tycker dock inte att den jämförelsen är helt rättvisande. För den som främst är intresserad av spel och kanske fitness, och är ute efter en genuin VR-upplevelse, kan Quest 3 vara ett bra alternativ om Vision Pro inte är överkomligt i pris.

Å andra sidan, om du är som jag och behöver ett headset för både arbete och produktivitet, med en extra bonus för tillfällig underhållning, då är Quest 3 kanske inte det bästa köpet. Med tanke på den betydande investering som krävs för ett Vision Pro är det förståeligt om det ligger utanför din budget. I sådana fall skulle jag rekommendera att vänta på nästa version av Vision Pro eller överväga Quest 4, beroende på dess specifikationer, som ännu inte har släppts när detta skrivs.

Även om det inte är uteslutet att arbeta med Quest 3 inte är uteslutet, erbjuder den inte samma användarvänlighet som Vision Pro. Den är ganska snabb, särskilt för Windows-användare, eftersom den är kompatibel med operativsystemet, till skillnad från Vision Pro. Det största problemet med Quest 3 är medvetenheten om att du använder den - bilderna är något suddiga och saknar skärpa. Vision Pro ger däremot en uppslukande upplevelse; om det inte vore för headsetets vikt skulle du till och med kunna glömma att du har det på dig.

PSVR 2

Meta Quest är inte det enda spelet i stan - särskilt inte om du vill ha ett spelheadset. PSVR 2 är utformat för PlayStation, så du behöver en PS5 för att använda det. Men hur står de sig mot varandra? Låt oss ta reda på det:

Bildskärm och visuell verklighetstrogenhet
- Apple Vision Proffsig: Har en imponerande skärm med 23 miljoner pixlar per panel, vilket överträffar upplösningen hos de flesta 4K-TV-apparater. Den här funktionen ger oöverträffad klarhet och detaljrikedom i visuellt innehåll.
- PSVR 2: Har två 2000 x 2040 OLED-skärmar, tillsammans med 4K HDR-funktioner. Även om detta är imponerande, verkar det som om Vision Pro kan ha en fördel när det gäller ren pixeldensitet och klarhet.

Integration och användbarhet

- Apple Vision Proffs: Erbjuder mångsidighet med sina mixed-reality-funktioner, så att användare kan blanda appar med sin miljö. Enheten kan användas inkopplad eller drivas av ett batteripaket, vilket ger 2 timmars drifttid. Dessutom har den en extern skärm som visar användarens ögon, vilket förstärker närvarokänslan.

- PSVR 2: Integreras sömlöst med PlayStation 5 och ansluts via en USB C-kabel. Denna integration säkerställer en problemfri installation för spelare, utan oro för batteritiden.

Design och interaktion

- Apple Vision Proffs: Har en futuristisk skidglasögondesign med en elegant och tunn profil. Den har ett bekvämt plyschband och en snygg silverfärgad nyans. Interaktion med enheten underlättas genom röst, ögonrörelser och handgester, vilket ger en kontrollfri upplevelse.

- PSVR 2: Även om den inte är lika estetiskt elegant som Vision Pro, men den är utformad för komfort. PSVR 2 kräver användning av taktila, lätta och användarvänliga Sense Controllers för navigering och spel.

Prispunkt

- Apple Vision Pro: Vision Pro är positionerad som en premiumprodukt och har ett pris på 3 499 USD, vilket återspeglar dess avancerade teknik och mixed reality-funktioner.

- PSVR 2: Med ett pris på 549 USD är PSVR 2 betydligt billigare än Vision Pro, vilket gör den till ett mer tillgängligt alternativ för VR-spelentusiaster.

Apple Vision Pro och PSVR 2erbjuder båda uppslukande upplevelser och högupplöst grafik, men riktar sig till olika målgrupper och syften. Vision Pro är en avancerad mixed reality-enhet som passar dem som vill ha en omfattande och mångsidig AR/VR-upplevelse, särskilt för streaming, visning och professionella tillämpningar. PSVR 2 är däremot ett dedikerat VR-spelheadset, perfekt för PlayStation 5-användare som vill ha en uppslukande spelupplevelse.

Du kan spela spel på Vision Pro - det finns tusentals att välja mellan när man tänker på alla iPad-appar som tagits in i ekosystemet; men PS5 byggdes för spel, så det kommer inte att förvåna någon när jag säger att spelen på PSVR 2 är överlägsna.

HoloLens 2

Slutligen, om du trodde att Vision Pro var det enda headsetet för 3500 dollar, då måste du ha glömt HoloLens. Men oroa dig inte! Det har alla andra också! HoloLens är Microsofts svar på mixed reality. Och jag vet vad du tänker: Microsoft har MR?! Ja! Och det är faktiskt riktigt coolt. De har arbetat med det här området i flera år och har faktiskt ett försprång gentemot Apple på många sätt. Är det en överlägsen enhet? Låt oss ta reda på det!

Utformning

- Apple Vision Pro: Vision Pro har en elegant och stilren design som påminner om ett par skidglasögon. Den är tillverkad av aluminium med en böjd glasskärm och utstrålar en modern, konsumentvänlig estetik. Detta designval återspeglar Apples fokus på att skapa en enhet som inte bara är funktionell utan också modern.

- HoloLens 2: HoloLens 2 har däremot ett industriellt utseende med en visirliknande formfaktor, huvudsakligen tillverkad av plast. Denna design är mer utilitaristisk och betonar funktionalitet och hållbarhet, vilket är viktigt för affärs- och industritillämpningar.

Funktioner

- Apple Vision Pro: Vision Pro är främst utformad för konsumenter och har ett bredare synfält än HoloLens 2, vilket kan ge en mer omslutande AR-upplevelse. Bekvämligheten är också en viktig egenskap, vilket gör den lämplig för långvarig användning. Vision Pros "spatial computer"-egenskaper är en annan höjdpunkt som lovar innovativa interaktioner med den digitala världen.

- HoloLens 2: HoloLens 2 riktar sig till företag och utmärker sig med avancerade spårningsfunktioner och sömlös integration med Microsofts ekosystem, inklusive olika företagsapplikationer. Detta fokus på professionella användningsområden ger den en fördel i miljöer där robusthet och precision är avgörande.

Pris

- Apple Vision Pro: Vision Pro är prissatt till 3 499 USD. Detta pris positionerar den som en premiumprodukt, vilket återspeglar dess avancerade teknik och design.
- HoloLens 2: HoloLens 2 finns för närvarande tillgänglig för 3 500 USD och 4 500 USD för enterprise edition. Prisstrategin understryker företagets fokus på professionella och industriella marknader, där investeringen kan motiveras av enhetens användbarhet i specialiserade tillämpningar.

Apple Vision Pro och HoloLens 2 är båda kraftfulla AR-headset, men de har olika syften och målgrupper. Vision Pro är ett utmärkt val för konsumenter som värdesätter stil, komfort och ett brett synfält i ett AR-headset. Dess funktioner är inriktade på uppslukande upplevelser inom personlig underhållning, spel och kanske lättare professionellt arbete.

HoloLens 2 är däremot idealisk för företag och professionella miljöer. Dess avancerade spårningsfunktioner, robusta konstruktion och integration med Microsofts svit av företagsverktyg gör den till ett praktiskt val för branscher som tillverkning, sjukvård och utbildning.

ATT KÖPA EN VISION PRO

Vision Pro är en av de mest unika köpupplevelser som Apple någonsin har erbjudit. För bästa möjliga passform kan du gå till vilken Apple Store som helst med en tidsbokning och bli uppmätt. Om du inte vill göra det kan du också göra det på din iPhone eller iPad (du kan naturligtvis använda din dator, men du kommer att hänvisas till din iPhone eller iPad för att göra mätningarna). Mitt råd: använd en iPhone. Jag testade på en iPad Pro och tyckte att processen var lite mer frustrerande - jag fick vrida och vända på huvudet på alla möjliga olika sätt för att få det att skanna.

En annan sak som jag verkligen rekommenderar är att göra skanningen två eller tre gånger. Första gången jag försökte fick jag en medium. De följande två gångerna, small. Light Seal mättes också vid 21W och 23W. Om det inte går att gå in i butiken kanske du vill köpa båda och sedan returnera den som inte passar.

När du börjar kassan kommer du att mötas av en sida där du först måste skanna ditt ansikte. Det är en snabb process, men se till att du har gott om ljus. Detta kommer inte att fungera i ett svagt upplyst rum. Jag var tvungen att byta rum första gången jag testade det.

Om du någonsin har gjort Face ID på din Apple-enhet är nästa steg ganska lika. Du skannar ditt ansikte genom att titta i olika riktningar. (Obs: ursäkta min bild nedan - jag är på västkusten, så att beställa Vision Pro var en väckning klockan 5 på morgonen!)

När du har gjort det en gång kommer du att göra exakt samma sak en gång till.

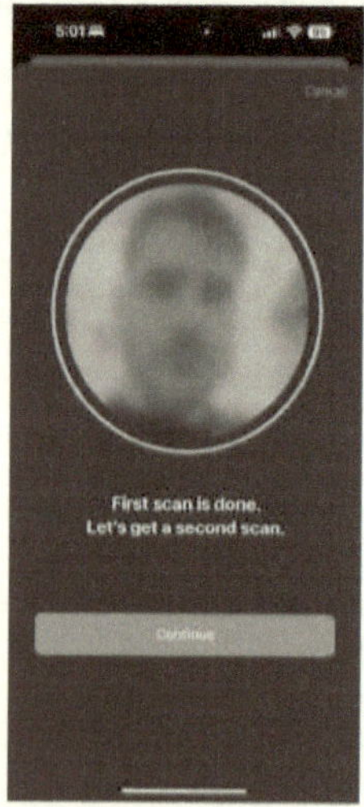

När skanningen är klar visas en skärm där det står att ditt ansikte har mätts. Du måste scrolla lite för att komma till nästa del, som är receptlinserna.

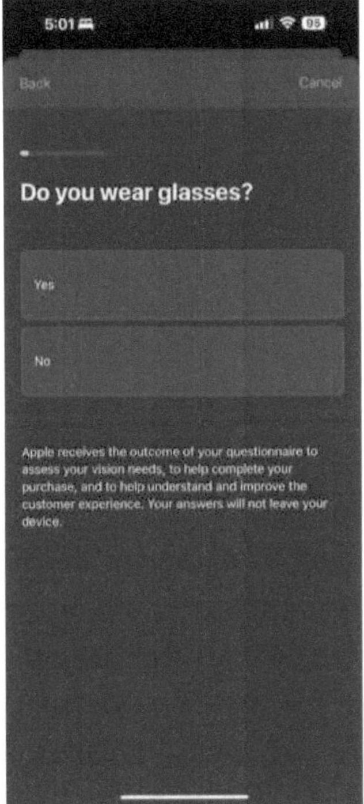

Nästa del av köpprocessen är enklare - bara en handfull frågor om huruvida du använder glasögon, kontaktlinser eller har genomgått en ögonopera-tion. Detta hjälper dig att avgöra om ZEISS-linserna är perfekta för dig.

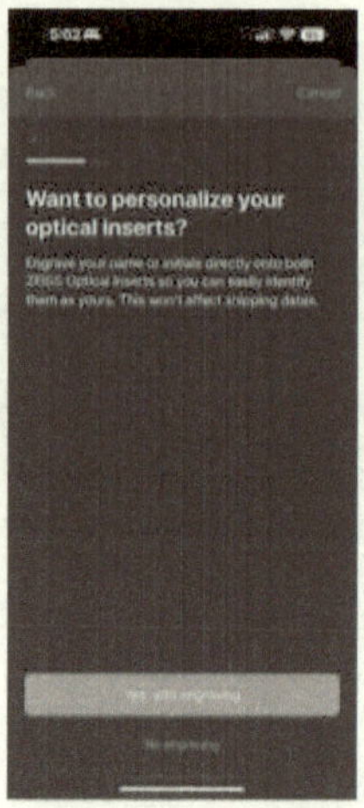

När du har fyllt i frågeformuläret får du antingen
veta att du inte behöver linstillägget eller så upp-
manas du att ladda upp ditt recept. Du behöver
inte ditt recept för att göra en beställning. Du kan
hoppa över det och sedan komma tillbaka och läg-
ga till det senare.

Resten av köpet är ganska standard. Den kommer att fråga om du vill göra betalningsplaner, om du vill ha Apple Care + (hoppa till avsnittet om Apple Care + om du är på staketet om detta - tips: reparationer utan det kan kosta över $ 2,000!), Och om du vill hämta den i en butik eller skicka den till dig. När du har gjort allt detta kan du lägga in din beställning, och allt är klart! Hela processen tar ungefär 5 till 10 minuter.

UPPACKNING

Jag brukar inte göra unboxing när jag publicerar instruktionsböcker; Vision Pro är dock inte den typiska produkten, så jag gör saker lite annorlunda. I det här avsnittet går vi igenom hur den är förpackad.

Det första som kanske förvånar dig är hur stor lådan är. Den väger över 5 kilo och är större än förpackningen till en MacBook.

För att ge dig en uppfattning om hur stor den är ska jag visa dig Belkin-batteripaketet (detta är ett valfritt extra tillbehör), och sedan ska jag visa det bredvid kartongen.

Här är framsidan av Belkins batteripackhållare; den kan antingen fästas på dig eller så kan du använda nyckelbandet för att bära runt den.

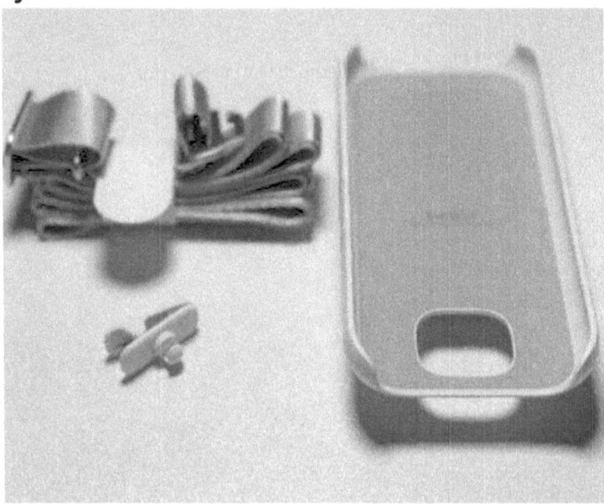

Nedan visas framsidan; och för att ge dig en uppfattning om hur stort Vision Pro-batteriet är; det har ungefär samma storlek och vikt som en iPhone Pro Max.

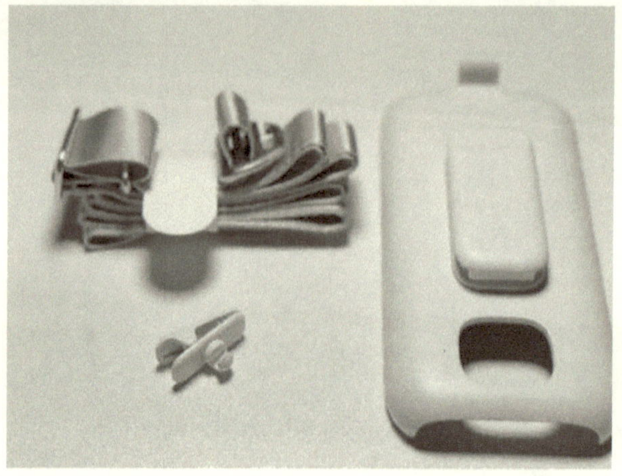

Och här är den bredvid Vision Pro-boxen.

När du har dragit tillbaka den lättavdragna klis-
terlappen som sitter på vardera sidan av karton-
gen, lyfter du kartongen och ser Vision Pro i all sin
skönhet. Vissa personer har kommenterat att lådan
kan fungera som ett fint stativ. Jag håller med om
det, men personligen föredrar jag resefodralet,
som skyddar den om den råkar falla. Du kommer
också att märka att det finns ett frontskydd; du bör
använda det när du inte använder enheten för att
skydda den från damm och repor.

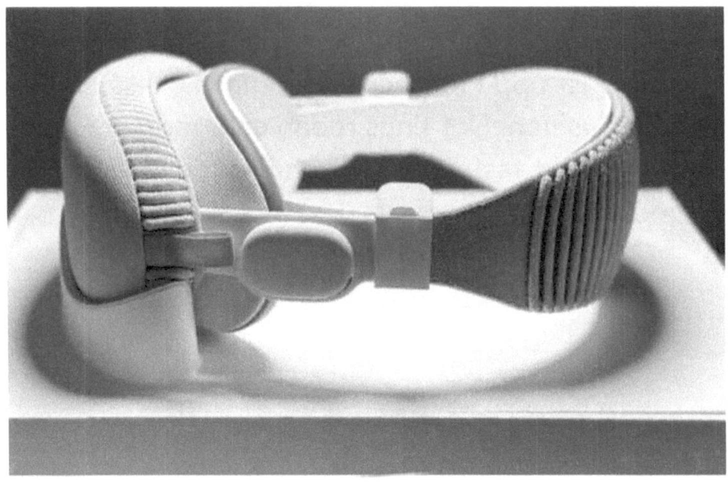

Liva upp Vision Pro och där hittar du batteriet.
Mycket har sagts om batteripaketet; jag tyckte att
det var mycket välbyggt, inte så tungt och enkelt
att antingen fästa på dig eller ställa åt sidan. Jag
märkte inte ens att det var där. Batteriet laddas
med en medföljande USB-C adapter; du kan ladda
det medan du använder Vision Pro.

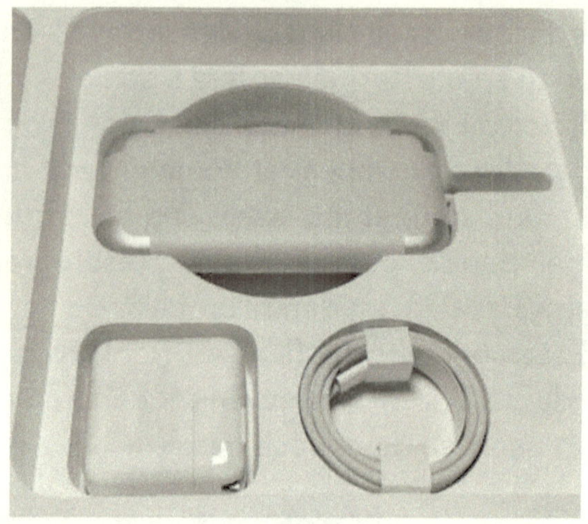

Längst upp i förpackningen finns också Light Seal Cushion. Det finns redan en kudde som är magnetiskt fastsatt på Vision Pro; den här är lite tjockare

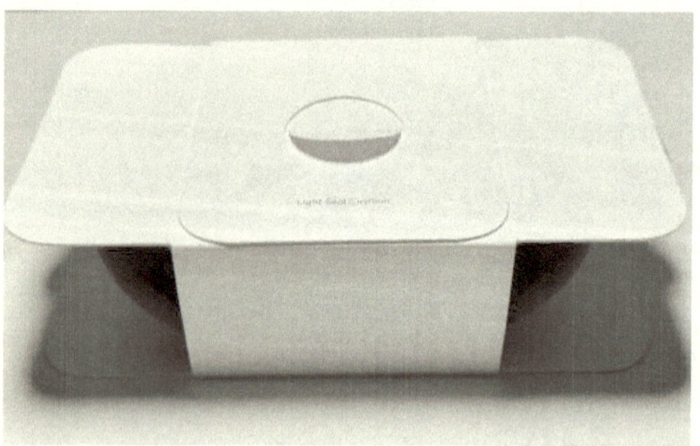

. Om du använder Zeiss-objektivinsatserna vill du förmodligen byta ut dem mot den här något tjockare insatsen.

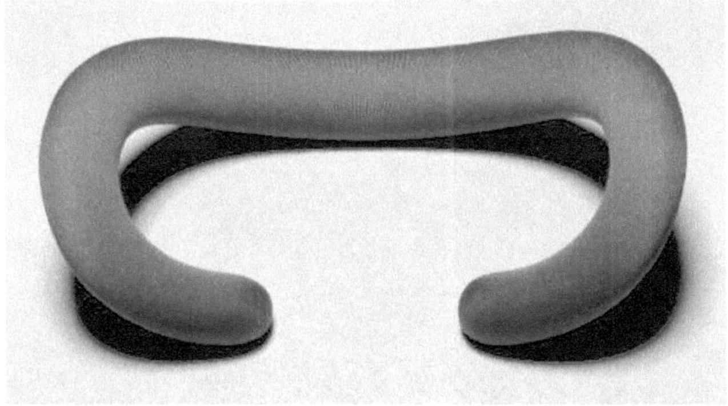

Under Light Seal finns en polerduk.

Jag rekommenderar att du använder detta för att rengöra din Vision Pro över något annat du kanske har.

Under tyget finns Dual Loop-bandet.

Dual Loop-bandet hjälper till att fördela vikten jämnare, och många föredrar det framför det mjukare enkelbandet.

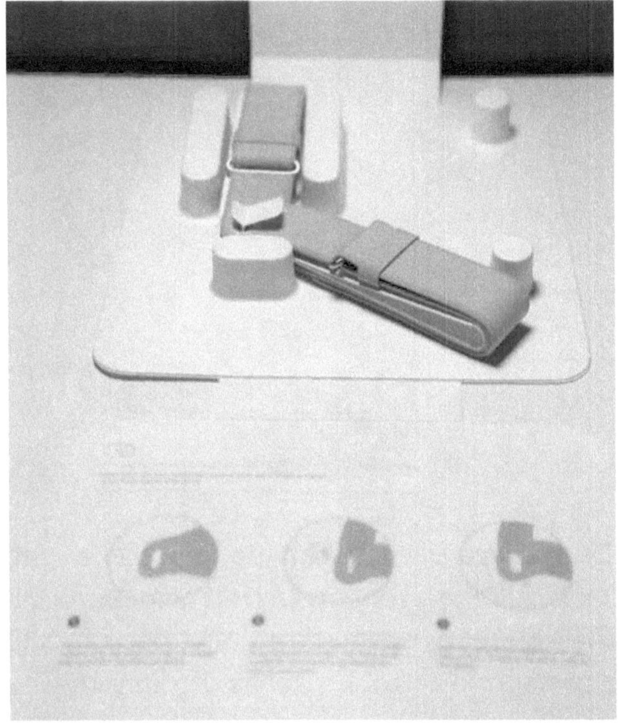

Och slutligen har du något som inte setts i en Apple-produkt på mycket länge - något som inte ingår i de flesta produkter längre: en starthandbok!

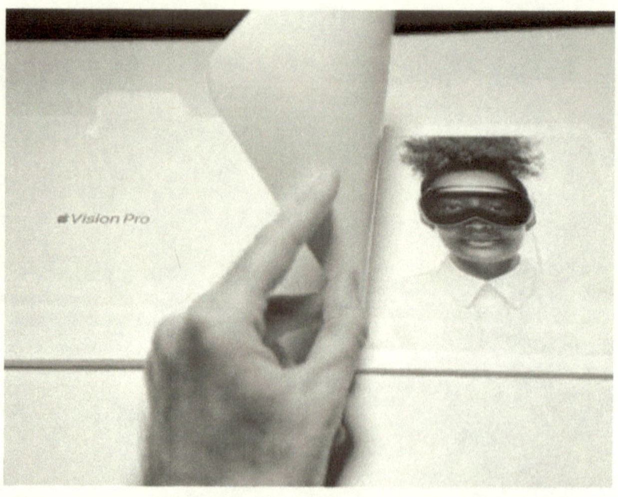

Den är inte alls heltäckande men täcker det grundläggande - som att ta bort remmarna och batteriet. Det är ett mycket tjockt papper, fullfärg och utmärkt kvalitet. En del av dig kanske vill ställa den i din bokhylla!

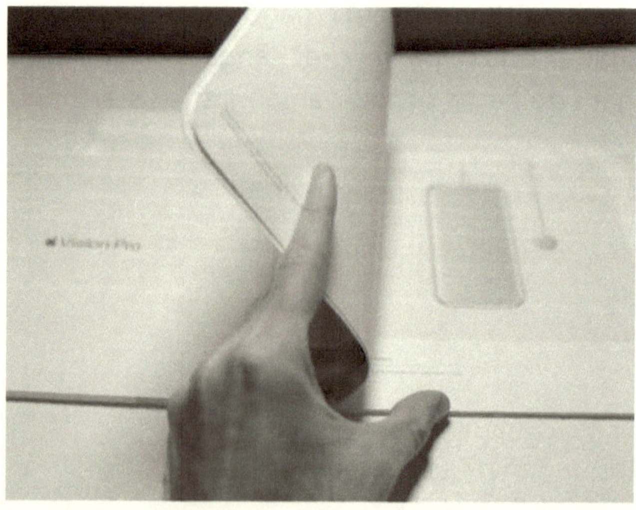

Nedan följer några saker som inte ingår i förpackningen, men som du kanske vill köpa. Det första är Zeiss-objektivinsatserna.

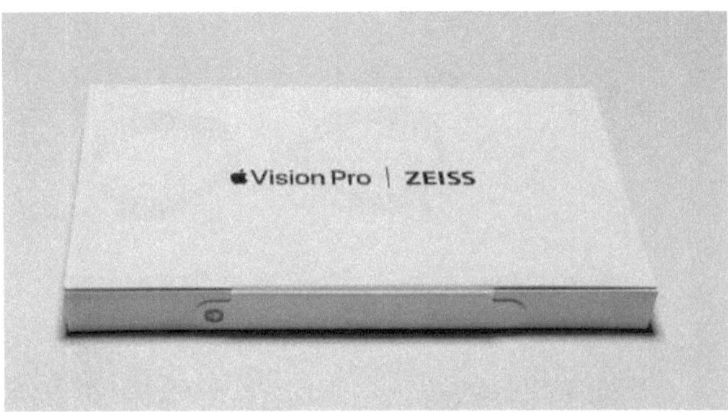

Även om detta är från ett annat företag, är förpackningen väldigt mycket Apple, och du kan se att de arbetade nära med Zeiss på detta partnerskap.

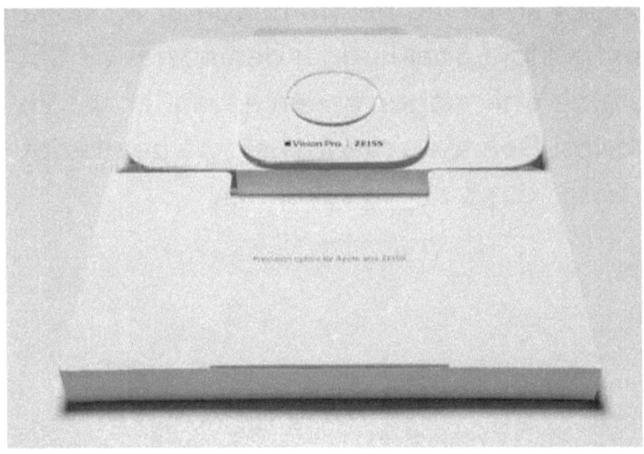

Jag rekommenderar att du behåller lådan som den levererades i; i skrivande stund finns det inget fodral för Zeiss linsinsatser; om andra personer använder din Vision Pro, måste du ta ut insatserna och förvara dem någonstans där de inte blir repade.

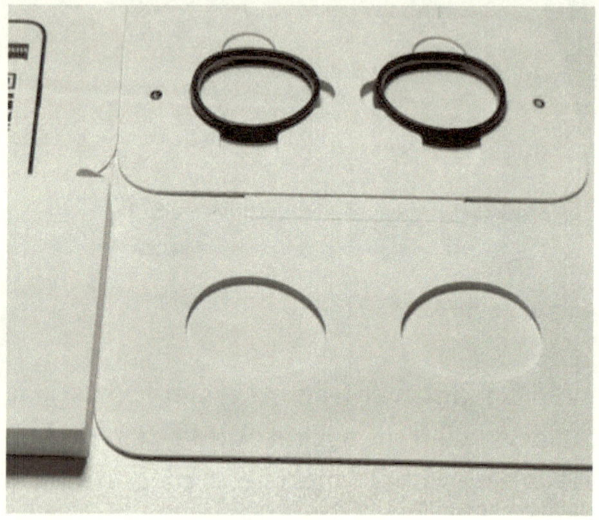

Något annat jag rekommenderar att du köper är en extra Light Seal-kudde; den kostar 29 USD och är praktisk när någon annan använder din Vision Proffsigt. Den fästs magnetiskt på headsetet och kan bytas ut på några sekunder.

Slutligen har vi Apple Vision Pro resefodral. Det kostar 199 USD och är ett av de få fodral som finns tillgängliga. Det är det bästa alternativet om du reser med Vision Pro, men också ett bra alternativ för att förvara ditt headset när det inte används. Det finns två saker jag inte gillar med fodralet: ett, det är lite stort, så om du reser med det kan du inte riktigt packa ner det i en ryggsäck; två, dragkedjorna är lite styva - det går inte att öppna så lätt som jag skulle vilja.

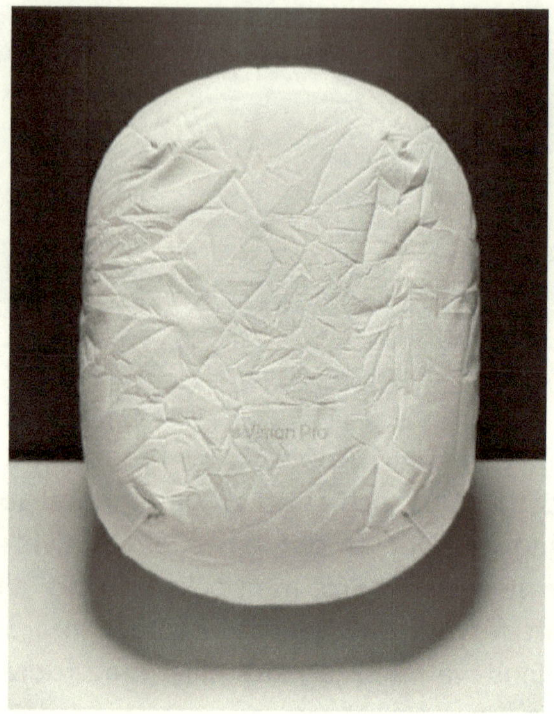

FÖRINSTALLERADE APPAR

Om du har använt något från Apple (från Macbooks och iPads till iPhones) så kommer Vision Pro ha många välbekanta appar. Nedan visas de appar som medföljer Vision Pro. Vissa (som Capture och Encounter Dinosaurs) är exklusiva för Vision Pro; de flesta är appar som du redan känner till, men som har förbättrats för Vision Pro.

Appar förbättrad för visionen Pro:

- App Store
- Träffa dinosaurier
- Filer

- Friform
- Huvudanförande
- Post
- Meddelanden
- Mindfulness
- Musik
- Noter
- Foton
- Safari
- Inställningar
- Tips
- TV

Appar installerad men inte optimerad för Vision Pro:

- Böcker
- Kalender
- Hem
- Kartor
- Nyheter
- Podcasts
- Påminnelser
- Genvägar
- Lager
- Röstmemon

Vad betyder installerad men inte optimerad? Många appar som kommer att finnas på Vision Pro - både från utvecklare och från Apple - kommer bara att vara iPad-appar som portas över till Vision

Pro. De fungerar bra, men det är inget speciellt med dem.

Den här boken skrevs när Vision Pro först kom ut; förvänta dig att Apple lägger till fler appar senare.

[2]

ATT KOMMA IGÅNG

Med Vision Pro ur förpackningen, låt oss ta en titt på hur du använder Vision Pro för första gången.

BATTERIET

Innan du kan använda Vision Pro måste du koppla in den - Vision Pro har inget batteri; till skillnad från en bärbar dator, där du fortfarande har några timmars användning om du kopplar ur den, stängs Vision Pro omedelbart av om du tar bort den.

För att fästa batteriet ska du rikta in cirkeln på batterikontakten mot cirkeln på sidan av Vision Pro (den ofyllda cirkeln); när den är uppradad vrider du den för att rada upp den med den fyllda cirkeln. För att ta bort batteriet följer du bara dessa steg i omvänd ordning.

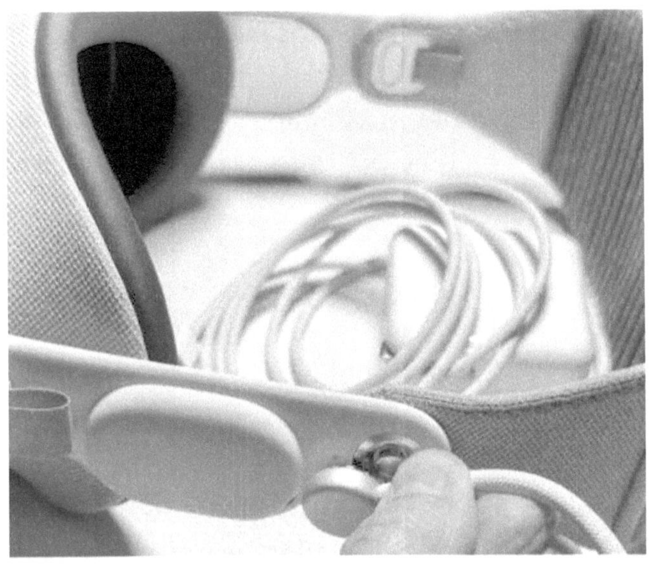

SÅ HÄR LADDAR DU BATTERIET I APPLE VISION PRO-BATTERI

Vision Pro levereras med en USB-C Laddningskabel och USB-C-strömadapter; vi rekommenderar att du använder den medföljande laddningsenheten.

VAD BATTERILAMPAN BETYDER

Batterilampan har olika ljusindikatorer. Låt oss titta på vad de betyder. Om du har laddningskabeln ansluten är det här de olika indikatorerna:

- **Grön**: batteriet är fulladdat.
- **Gult**: batteriet är inte fullt, men det har tillräckligt med laddning för att du ska kunna använda Apple Vision Pro.

- **Gult blinkar långsamt**: batterinivån är för låg för att köra Apple Vision Pro. Ladda batteriet i 10 minuter, eller tills lampan lyser gult och inte blinkar när du trycker på batteriet.

Om batteriet är urkopplat ser du följande ljusindikatorer:

- **Grön**: batteriet är mer än halvfullt.
- **Gult**: batteriet är mindre än halvfullt.
- **Gult blinkar långsamt**: batterinivån är för låg för att köra Apple Vision Pro. Ladda batteriet i 10 minuter, eller tills lampan lyser gult och inte blinkar när du trycker på batteriet.

ATT BÄRA VISION PRO OCH JUSTERING AV REMMARNA

Här är en av de viktigaste sakerna att veta när du ska komma igång med Vision Pro: den är tung och om du monterar den fel kommer den att kännas tyngre. En del av en bekväm upplevelse är att justera banden ordentligt.

När jag först började höra folk recensera headsetet hörde jag hela tiden om vikten och blev lite nervös; jag ville ha det här för produktivitet och för att arbeta när jag inte var på mitt kontor. Hur skulle jag kunna göra det med en tegelsten på huvudet?

Till min lättnad var den lite lättare än väntat; ännu bättre är att det verkligen hjälper att justera remmarna.

Vision Pro levereras med två pannband (och pannbanden finns i olika storlekar): Solo Knit Band och Dual Loop Band. Solo Knit Band sitter redan fast på din Vision Pro, men du kan byta till Dual Loop Band när du vill. Ta bara av Solo Knit Band och fäst Dual Loop Band.

De flesta kommer förmodligen att tycka att vikten fördelas jämnare med Dual Loop Band, som går över huvudet, men mitt råd är att prova båda under en liten tid.

BÄR VISION PRO MED DET STICKADE SOLO-BANDET

Ta tag i enhetens ram med ena handen och Solo Knit Band med den andra. Plocka inte upp Vision Pro i ljusförseglingen, remmarna eller strömkabeln; dessa kan lossna och göra att du tappar Vision Pro.

Placera enheten nära ansiktet och skjut Solo Knit Band över bakhuvudet. Beroende på din frisyr kan det vara lättare att sätta på huvudbandet först och sedan dra enheten över ögonen.

När du har tagit på dig enheten vrider du Fit Dial medurs för att dra åt Solo Knit Band och moturs för att göra det lösare. Du vill att Vision Pro ska sitta åt ordentligt. Du kan också flytta ryggen högre eller lägre för att se om det fördelar vikten bättre.

När jag köpte Vision Pro, stod det att jag skulle välja medium; jag valde small också för att vara säker, och tyckte att small var bekvämare. Så om du inte gillar hur det känns kan det vara så att du har fel remstorlek.

Om pannbandet sitter för hårt kan det irritera huden, få dig att känna dig obekväm eller lämna märken i ansiktet. Märkena försvinner ganska snabbt.

Om pannbandet sitter för löst eller inte är i rätt läge visas förmodligen ett meddelande om att enheten är för hög eller för låg. Flytta bara upp eller ner tills det känns rätt.

Bär Vision Proffs med dubbla loopband

Plocka upp enheten och kom ihåg att hålla Vision Pro i ramen och inte i Light Seal, remmarna eller kabeln.

Håll enheten nära ansiktet och för Dual Loop-bandet över bakhuvudet.

Håll Vision Pro till ansiktet med en hand och se till att den har jämnt stöd på pannan och kinderna.

Medan du håller Vision Pro mot ansiktet använder du den andra handen för att först dra åt det nedre bandet och sedan det övre bandet.

Borttagning av Remmen

Ta bort remmen genom att hålla i headsetet med ena handen och dra uppåt i den orangefärgade fliken med den andra handen; den glider lätt av. Sätt tillbaka den genom att skjuta in den.

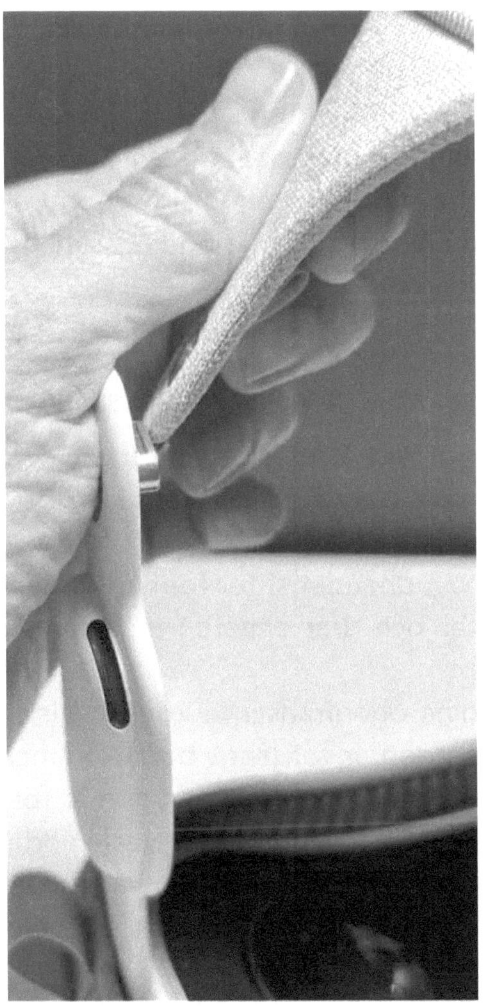

HUR MAN TAR BORT APPLE VISION PRO

Gör pannbandet lösare innan du tar av det. För Solo Knit Band vrider du bara Fit Dial åt vänster.

För Dual Loop Band drar du bara fliken på den nedre remmen bort från huvudet.

Ta av enheten genom att hålla i ramen.

När du ställer ifrån dig enheten ska du se till att täckglaset inte vidrör hårda ytor som bord eller bänkskivor. De kan repa det. Lägg batteriet bredvid Vision Pro när du inte använder den så att strömkabeln inte trasslar in sig i andra saker.

När du är klar med Vision Pro, sätt på locket för att skydda den.

HUR FÅR MAN VISION PRO PASSAR PERFEKT

Så långt det är möjligt vill du att Vision Pro ska kännas balanserad på ditt ansikte. Den ska sitta tätt, men inte hårt.

Om huvudbandet sitter för hårt vrider du Fit Dial åt vänster och drar enheten med ramen bort från ansiktet.

Om dina ögonfransar vidrör din Vision Pro eller om dina ögon är för långt bort, kommer du att se ett meddelande om att dina ögon är för nära skärmarna; försök använda Light Seal-kudden med ett "+" på som medföljde i din låda. Om det inte fungerar kanske du behöver en Light Seal i en annan storlek.

RENGÖRING

Rengöring är en viktig del av att hålla din Vision Pro fungerar som avsett. Smutsiga eller kladdiga kameror kan till exempel påverka hur handspårningen fungerar.

För det första: använd **inte** isopropylalkohol, Windex, Clorox eller liknande för att rengöra ytorna på Vision Pro. Rengör Vision Pro med en torr trasa, en lite blöt trasa eller helst med den trasa som medföljde Vision Pro.

Se till att Apple Vision Pro Polishing Cloth är ren och förvara den i en ren väska. I ryggsäckar, handväskor, fickor och på andra ställen kan det finnas saker som kan repa din enhet.

RENGÖRING AV GLASSKIVAN

Om skyddsglaset blir smutsigt torkar du av det med en ren och torr mikrofiberduk - som den som medföljde din Apple Vision Pro.

Om du ser några lösa föremål på täckglaset torkar du bort dem med en ren och torr mikrofiberduk.

INSTÄLLNING

Visionen Pro-installationen är mycket enkel; tyvärr kunde jag inte filma den, men jag ska göra mitt bästa för att förklara stegen nedan:

Steg 1

Placera pannbandet på huvudet och vrid på ratten på pannbandets högra sida för att justera passformen. Displayen visar att du ska trycka och hålla in den digitala kronan och titta på de flytande glasögonen för att justera din vy.

Steg 2

Du behöver en iPhone eller iPad för att konfigurera Vision Pro. Headsetet kommer att be dig föra telefonen nära ansiktet och låsa upp den. Telefonen visar en QR-kod som du måste skanna med headsetet för att fortsätta.

Steg 3

Handgester är det första huvudsakliga sättet att interagera med VisionOS, så headsetet måste känna igen dina händer. Det kommer att be dig att sträcka ut armarna framför dig och visa handflatorna för headsetet. Sedan kommer det att be dig att vända på händerna.

Steg 4

Ögonstyrning är det andra sättet du interagerar med din omgivning på, så headsetet måste kunna spåra hur dina ögon rör sig. Det kommer att be dig titta på en punkt, sedan på sex punkter i en cirkel, och knacka med fingret när du tittar på var och en av dem. Sedan blir skärmen ljusare och du gör cirkeln igen, sedan blir den ljusare och du gör den en sista gång.

Steg 5

Du kan hoppa över detta steg om du vill och göra det senare. Jag visar dig hur du gör i boken. Vision Pro kommer att be dig att ta bort den och rikta Vision Pro mot ditt ansikte. Displayen på framsidan kommer att lysa och visa några cirklar med ditt ansikte i. Högtalarna ber dig att titta på headsetet och sedan luta huvudet åt vänster, höger, uppåt och nedåt. Sedan registreras dina ansiktsuttryck genom att du uppmanas att le med stängd mun, le med tänderna, blunda och höja på ögonbrynen. Dessa åtta åtgärder är tillräckliga för att Vision Pro ska kunna skapa en så kallad Persona - jag ska gå igenom detta lite mer senare.

Detta var den mest frustrerande delen av installationen för mig. Första gången jag försökte sa den åt mig att titta nedåt och åt vänster, och sedan sa den att installationen misslyckades. Andra gången försökte jag med bättre belysning, och det lyckades. Det bör noteras att den här funktionen är i Beta.

Steg 6

Visionen Pro använder Optic ID istället för Face ID. Det innebär att den skannar dina ögon för att bekräfta din identitet - så att du inte behöver skriva in ditt lösenord. När du har konfigurerat din FaceTime persona ber Vision Pro dig att titta på en symbol. Efter några sekunder är Optic ID inställt. Nu är det klart. Som en säkerhetskopia kommer Vision Pro också att be dig ställa in ett sexsiffrigt lösenord (du kan också växla det till fyrsiffrigt). Du måste använda lösenordet när Vision Pro startas om.

Om du tappar bort lösenordet måste du lämna in headsetet till en Apple Store för att få tillbaka det, så se till att du väljer något du kommer ihåg.

Steg 7

Du är nästan framme. Vision Pro visar dig hur du använder de grundläggande gesterna och funktionerna, som att välja objekt, ändra storlek på fönster och öppna snabbmenyer.

Nu är det klart. Allt är klart. Hela processen är mycket enkel, men tar ca 10 minuter. Jag visade inte här hur du ställer in Zeiss-insatserna. Du kan göra det under installationen eller senare. Jag visar dig hur i boken.

ANVÄNDNING AV VISION PRO MED ZEISS-INSATSER

Om du inte lade till dina Zeiss-insatser under installationen kan du snabbt göra det när som helst efter att du har börjat använda enheten genom att följa dessa steg.

Med Vision Pro, fäst de optiska insatserna; de snäpper fast direkt - se bara till att du snäpper fast dem på rätt sida.

Ta bort locket och sätt sedan på Vision Pro. Den känner automatiskt av inläggen och guidar dig genom installationsprocessen; en del av processen går ut på att skanna en kod som medföljde inläggen, så se till att du inte slänger lådan!

Du kan också när som helst para ihop nya insatser genom att gå till Inställningar > Ögon & händer och sedan trycka på Konfigurera nya optiska insatser.

[3]

ATT NAVIGERA RUNT VISIONEN PRO

Nu när du har lärt dig vad Vision Pro är (och inte är) och sett hur inställningarna ser ut, ska vi nu lära oss hur man flyttar runt enheten.

GESTER

Innan vi går in på själva operativsystemet, låt oss prata om gester.

Gester är förmodligen det första som kommer att slå dig med häpnad när du använder Vision Pro; ja, det är en fantastisk skärm och apparna kan vara beroendeframkallande roliga. Men det är verkligen hur sofistikerade gesterna är som avslöjar hur mycket teknik som finns inuti den här saken. Det är intuitivt och när du har vant dig är det snabbare än att använda en mus.

Innan jag går in på de olika gesterna är det några saker som är bra att tänka på:

- Det kan verka som någon sorts magi, men det är faktiskt alla kameror som gör att gester fungerar. Det betyder att du måste hålla kamerorna rena och ha tillräckligt med ljus för att kamerorna ska kunna se dig. Om den har svårt att registrera vad dina händer gör kan det bero på att du behöver mer ljus eller att kameran är smutsig.
- Du behöver inte lyfta upp armen när du använder Apple Vision Pro. Du kan hålla handen avslappnad på skrivbordet eller i knät när du gör de flesta gester. Första gången kommer du förmodligen att instinktivt lyfta upp händerna, men kom ihåg att de inte behöver göra det.
- Se till att Apple Vision Pro kan se dina händer och inte gömma dem under ett skrivbord eller en filt.
- Om du har handskar på dig kommer den förmodligen inte att läsa av dina gester - och om den gör det kommer den inte att vara lika exakt.
- Korsa inte händerna. Den kan inte skilja på höger och vänster.

Så låt oss titta på gesterna:

Touch

Du kan vidröra vissa saker i visionOS direkt med fingrarna. När visionOS virtuella tangentbord visas kan du t.ex. skriva genom att röra tangenterna direkt med ett finger på varje hand.

Knacka ihop fingrarna

För att välja något i Apple Vision Pro, titta på det och tryck ihop tummen och pekfingret.

Att knacka ihop tummen och pekfingret är som att trycka på något på din iPhone eller klicka på något på din dator - använd den här gesten för att välja en app.

Nyp för att se fler alternativ

Nyp och håll i något i Apple Vision Pro för att se fler alternativ. Titta på något, tryck ihop tummen och pekfingret och håll kvar. När du ser fler alternativ släpper du taget och trycker sedan för att välja det alternativ du vill ha.

Nyp och dra

För att flytta runt saker i Apple Vision Pro tittar du på något och nyper sedan ihop tummen och pekfingret. Håll ihop tummen och pekfingret medan du flyttar det dit du vill och släpp sedan taget. Detta kan vara saker som fönster eller menyer.

Nyp och snärta med handleden

För att flytta eller bläddra snabbt genom saker, nyp ihop tummen och pekfingret, snärta handleden uppåt eller nedåt och släpp sedan taget i en smidig rörelse.

KNAPPAR

Vision Pro har två knappar:

1. **Den digitala kronan** som styr hur mycket av miljön som visas och tar fram hemknappen
2. **Toppknappen**, som är den du använder för att ta foton - det är den på vänster sida av headsetet.

Knapparna kan också användas för andra genvägar, som du kan se nedan.

SKÄRMDUMPAR

Jag visar dig hur du gör en skärminspelning i avsnittet om KontrollcenterOm du vill ta en stillbild av din skärm trycker du på Digital Crown och Toppknappen samtidigt. Du hör ett kameraljud och skärmdumpen sparas i ditt bibliotek.

FORCE CRASH APP

Om en app inte svarar Tryck och håll ned toppknappen och Digital Crown samtidigt tills ett fönster visas som frågar dig vad du vill tvångsavsluta.

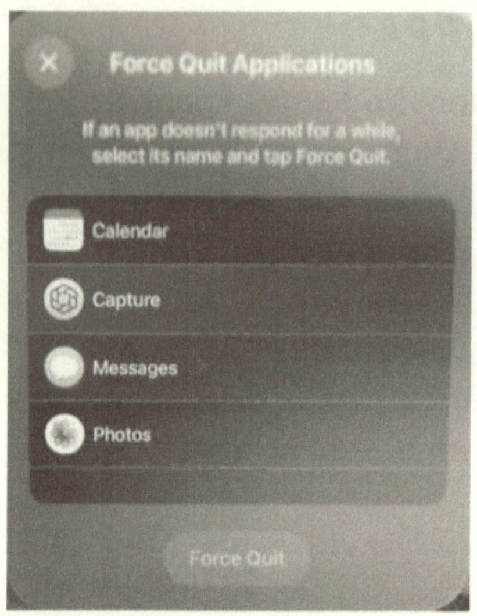

POWER VISION PRO OFF

Det finns ingen strömknapp på Vision Pro, men du kan ändå stänga av den. Gör på samma sätt som ovan (tryck och håll ned Digital Crown och översta knappen), men fortsätt att hålla in längre. Ett meddelande om att stänga av Vision Pro visas.

KALIBRERA OM SPÅRNING

Om du vill kalibrera om synfältet trycker du på den övre knappen 5 gånger.

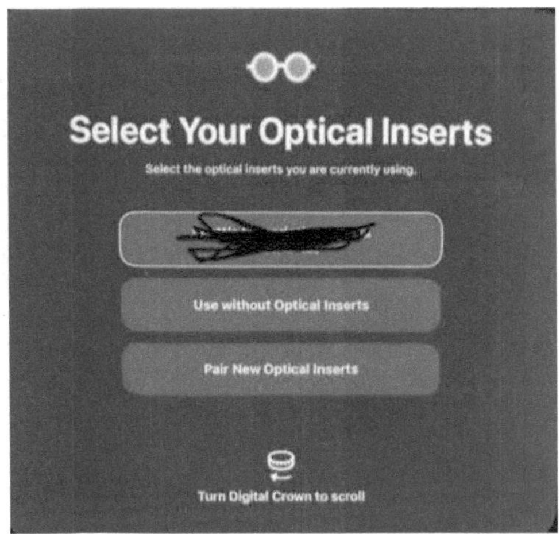

GUIDAD ÅTKOMST

Guided Access är en tillgänglighetsfunktion som du kan aktivera genom att trycka tre gånger på Digital Crown. Med Guidad åtkomst kan du låsa Vision Pro till endast en app och välja vad du kan göra i den appen. På så sätt blir du inte distraherad av andra saker.

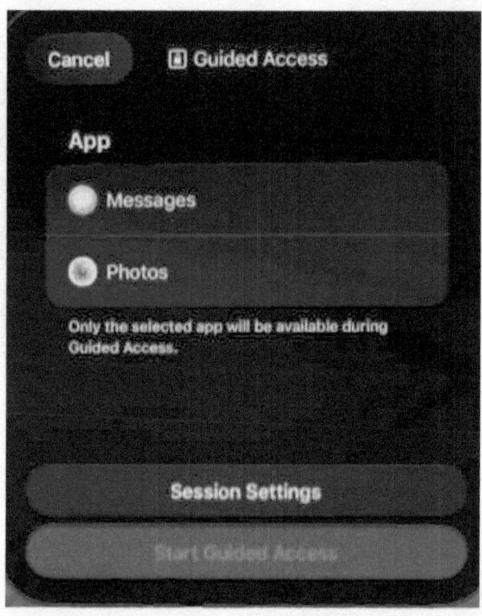

TYPNING

Det finns några olika sätt att skriva på Vision Pro:

1. Med det virtuella tangentbordet fungerar det på två sätt: antingen tittar du på en bokstav och nyper för att välja den, eller så skriver du med en hand genom att trycka på bokstaven. Detta fungerar ganska bra, men det är definitivt den långsammare av de två metoderna.

2. Tala till text - Detta kommer att vara det snabbaste sättet för de flesta. När tangentbordet kommer upp väljer du bara mikrofonen och säger vad du vill att texten ska säga.

3. Använd ett Bluetooth tangentbord - detta är den överlägset bästa och snabbaste metoden, men det innebär att du också måste ta med dig ett tangentbord om du reser.

FLYTTA, ÄNDRA STORLEK PÅ OCH STÄNGA FÖNSTER

Det finns en sista sak att ta upp innan vi går in på en översikt av operativsystemet: Ändra storlek på, flytta och stäng appar.

ÄNDRA STORLEK PÅ WINDOWS

Om du tittar i hörnet på ett fönster ser du en böjd linje på kanten av fönstret. Du kan nypa ihop fingrarna och flytta dem inåt eller utåt för att ändra fönstrets storlek.

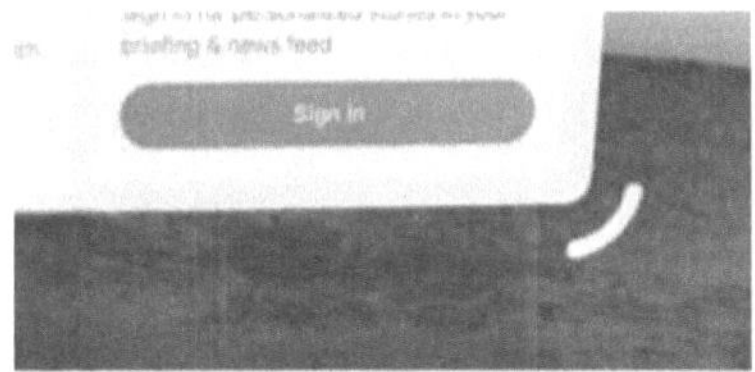

FLYTTA OCH STÄNG APPAR

För att flytta en app använder du linjen i nederkanten av alla fönster. Stäng appen genom att trycka på cirkeln bredvid linjen (som förvandlas till ett X när du håller muspekaren över den).

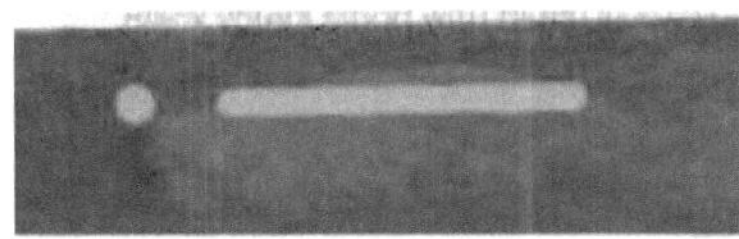

Om du befinner dig i en uppslukande miljö ska du leta efter bakåtknappar, vanligtvis i det övre vänstra hörnet. Om allt annat misslyckas kan du använda genvägen Tvinga fram stängning (tryck och håll ned den övre knappen och Digital Crown samtidigt)

STARTSKÄRM OCH NAVIGERING

Låt oss börja med att lära oss mer om operativsystemet bakom headsetet. Jag ska göra mitt bästa för att ta skärmdumpar som är rena och jämna, men på grund av enhetens karaktär är saker och ting inte alltid lika tydliga som skärmdumpar på iOS och iPadOS. Det beror på att Vision Pro fungerar är att den fokuserar på det du tittar på - du märker det inte på grund av hur våra ögon fungerar, men du kommer att se det när du tar skärmdumpar. Så låt inte bilderna lura dig - det är mycket skarpare när det är på dina ögon.

Första gången du slutför installationen ser du tre rader med appar. Det här är din startskärm. Det är väldigt iPad/iPhone-likt, eller hur? Du hittar många likheter mellan visionOS och iOS, iPadOS och till och med macOS och watchOS.

Några saker du bör veta om startskärmen:

- Den första gruppen av appar är de som skapats av Apple.
- Appar är ordnade i alfabetisk ordning (med undantag för de Apple-byggda apparna, som alltid är de första som visas).
- Appar kan inte ordnas eller grupperas (med undantag för mappen för "kompatibla appar" som är appar som överförts från iOS eller iPadOS.

Dessa begränsningar är inte avgörande, men de är irriterande och det kommer inte att ta lång tid innan du klagar för dig själv över att du vill att det ska fungera annorlunda. Troligtvis kommer en framtida uppdatering att ta itu med detta.

Här är en annan sak du bör veta om hemmenyn: om du trycker på den digitala kronan centreras hemskärmen om. Så om du vänder dig om och vill ha hemskärmen på den nya platsen trycker du bara på den digitala kronan.

På vänster sida finns menyn Hem. Det finns tre saker där: Appar, Människor och Miljöer.

Appar är den meny som visades ovan. Personer är dina favoritkontakter. Du kan använda + för att lägga till eller hitta någon - det är också så du ringer ett FaceTime samtal. Öppna bara kontakten och tryck på FaceTime.

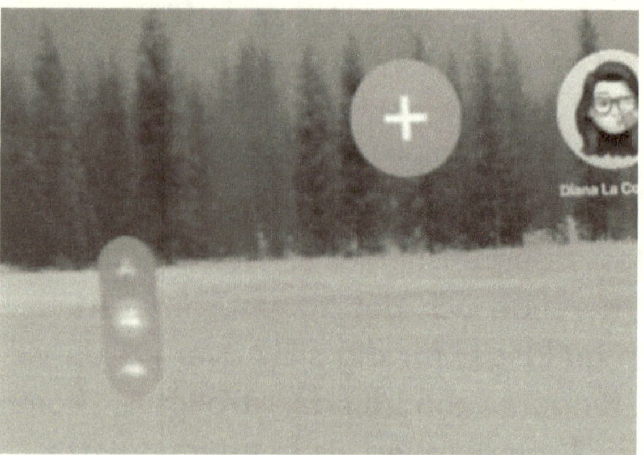

Miljöer är en av de coolaste funktionerna i headsetet, enligt min mening. Den låter dig ändra din omgivning till en uppslukande miljö. Så du kan känna att du arbetar på stranden eller i bergen. Det känns verkligen verklighetstroget.

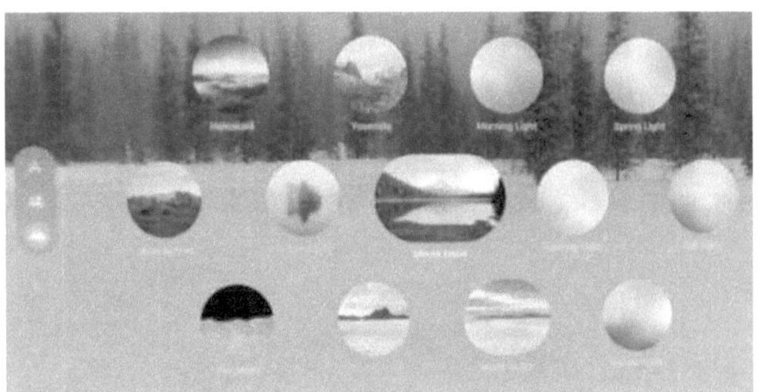

TILLGÄNGLIGA MILJÖER

Nedan finns en lista över alla tillgängliga miljöer och fler kommer snart:

- Haleakalā
- Yosemite
- Joshua Tree
- Mount Hood
- Månen
- Strand
- Vit sand
- Vinterljus
- Höstljus
- Sommarljus
- Vårljus

BORTTAGNING APPAR

Du kan ta bort en app genom att trycka och hålla på den app som du vill ta bort. Då tas den bort från Vision Pro, men den kan fortfarande laddas ner igen från App Store utan kostnad.

ANVÄNDA DEN DIGITALA KRONAN

När du väljer en miljö kan du använda Digital Crown för att justera hur uppslukande den är. Ju mer du vrider desto mer uppslukande är den. Om du vrider den hela vägen tillbaka stängs den av. Om du vrider den hela vägen in kommer miljön att fylla allt - titta uppåt, nedåt, åt vänster och höger så ser du den. Ännu coolare är att du till och med hör hur det låter om du vrider på det hela vägen.

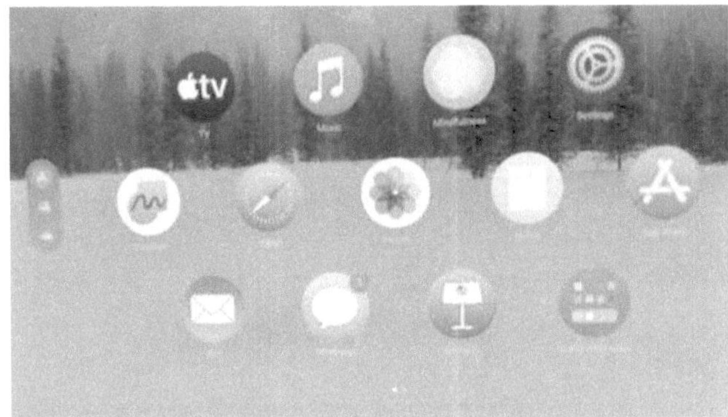

Beroende på tid på dagen kommer din miljö också att vara ljus eller mörk; du kan justera detta i Control Centervilket jag kommer att gå igenom härnäst.

Det som är riktigt galet med att vara i dessa upp-slukande miljöer är att när någon pratar med dig kommer det automatiskt att börja tonas ut så att du kan se dem! (det är en inställning som du kan stänga av) Du kan ta bort dem genom att vrida på ratten igen.

KONTROLLCENTER

Kontrollcenter kan nås när som helst genom att titta uppåt. Där ser du en mycket liten ruta - så liten att du kanske till och med missar den! Tryck bara på den för att komma igång.

Då visas en ruta med fyra ikoner och ett volymreglage. Den första ikonen tar dig tillbaka till startskärmen. Den andra ikonen är för miljöer. Den visar menyn för att ändra dina miljöer - om du till exempel vill ha Mörkt eller Automatiskt läge.

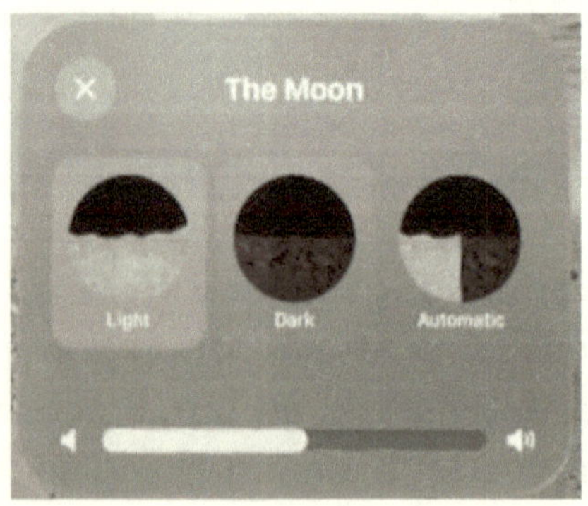

Det sista alternativet (vi återkommer till det tredje strax) är Notification Center; mitt är tomt, men om jag hade några skulle de dyka upp här.

Och slutligen, den tredje ikonen öppnar Control Center. Precis som på iPhone och iPad finns alla dina genvägar i Kontrollcenter.

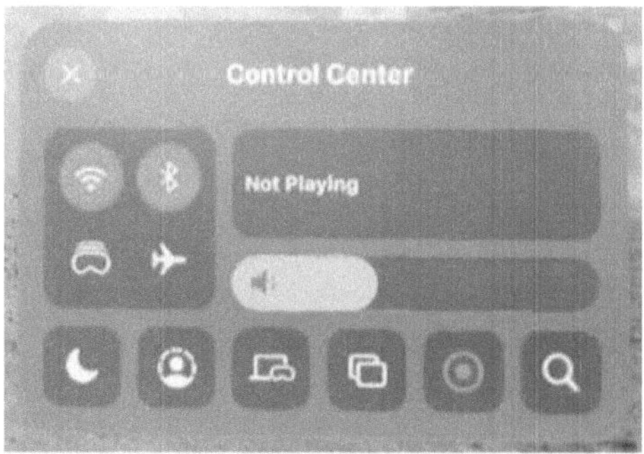

De fyra första ikonerna slår på och stänger av saker. Du vet säkert att den första är för att stänga av Wi-Fi och den bredvid stänger av Bluetoothoch du känner förmodligen till planet, som representerar flygplans flygplansläge. Men vad är det som händer med ikonen som ser ut som Vision Pro? Det är reseläget. Det är till för när du *flyger*. Jag betonar flyger eftersom det här inte är till för när du kör bil eller något annat - Apple specificerar att det bara är till för när du flyger; de säger också att du ska sluta använda det under turbulens. I reseläge arbetar Vision Pro för att stabilisera din upplevelse.

Nu spelas visar dig vad (om något) som för närvarande spelas på din Vision Pro; volymreglaget under den styr hur högt eller lågt det är.

Låt oss sedan titta på de sex nedersta ikonerna. Den första sätter den i ett annat fokusläge. Detta pausar aviseringar under en viss tid.

Den andra ikonen är Gästläge. Du kommer förmodligen att få många förfrågningar om den här. Den är till för när en person säger: "Hallå! Är det där en Vision Pro?! Får jag prova den?!"

När du trycker på Gästläge får du en fråga om vad personen kan se. Gästläget är inte som att lämna över en iPad med alla dina funktioner aktiverade. Med gästläget kan du bestämma vad en användare får och inte får se.

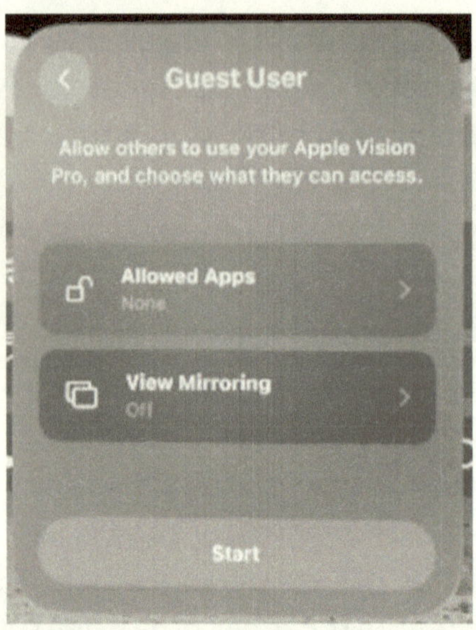

Från Tillåtna apparkan du bestämma om användaren ska se allt eller bara de appar som du har öppnat för dem.

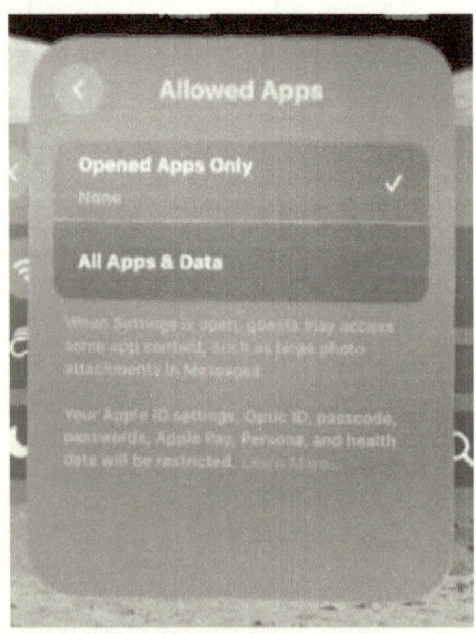

När du trycker på startknappen har personen fem minuter på sig att starta sessionen; de måste gå igenom en installationsprocess som tar ett par minuter (och nej, tyvärr går det inte att spara.

Det finns ytterligare en cool funktion att tänka på innan du lämnar över den: Spegling av vy. När du väljer detta kan du spegla Vision Pro till antingen en kompatibel iPad eller Mac, så att du kan se vad de gör och hjälpa dem om de kör fast.

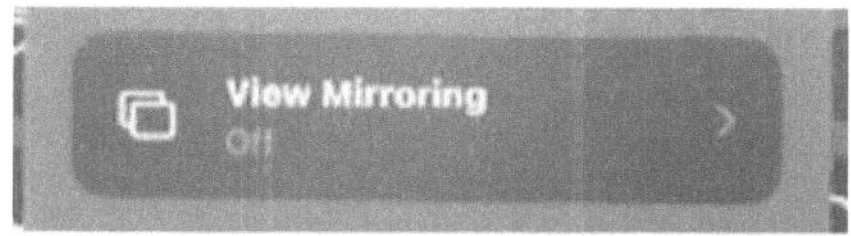

Nästa ikon kommer jag att gå in lite djupare på senare i boken, men den är till för att ansluta en Mac till din Vision Pro.

Se bara till att den är nära och på samma nätverk.

Med nästa ikon kan du spegla din Vision Pro till en kompatibel AirPlay enhet så att andra kan se vad du ser.

Jag nämnde tidigare i detta kapitel hur man skärmdumpar en skärm. Det här alternativet tar det ett steg längre genom att låta dig göra en skärminspelning.

Det sista alternativet är Sök, som hjälper dig att snabbt hitta appar och dokument på din Vision Pro.

Nu känner du till grunderna i Vision Pro. Den är verkligen intuitiv, så du kommer att bli förvånad över hur mycket du kan utan att ens veta om det. Nu ska vi ta en titt på alla de viktigaste apparna i Vision Pro.

ANSLUTA TILL EN MAC

Anslutningen till en Mac kan göras på två sätt; det första är via Kontrollcenter (som nämnts ovan); det andra, och snabbare sättet, är att titta på din Mac.

Du läste rätt! Titta bara på din Mac och Vision Pro kommer att förstå vad du menar. Ovanför Mac-skärmen finns alternativet att ansluta.

För det mesta tyckte jag att det fungerade ganska bra. Men det hände att det inte dök upp, och då gick jag till Kontrollcenter och den dök inte upp.

Det är inte ett hopplöst fall. Om jag går till Kontrollcenter på min Macbook och klickade på Skärmspeglingså dök min Visio Pro upp.

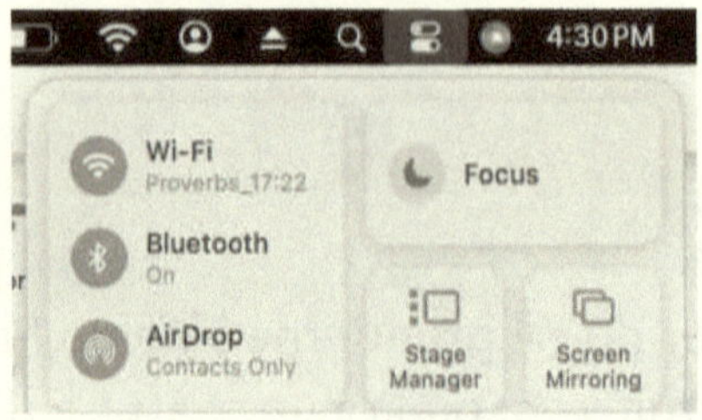

När jag klickade på det dök den upp på min skärm på några sekunder. Så det var inte alltid perfekt, men när det väl var där fungerade det precis som jag hoppats - i vacker 4K.

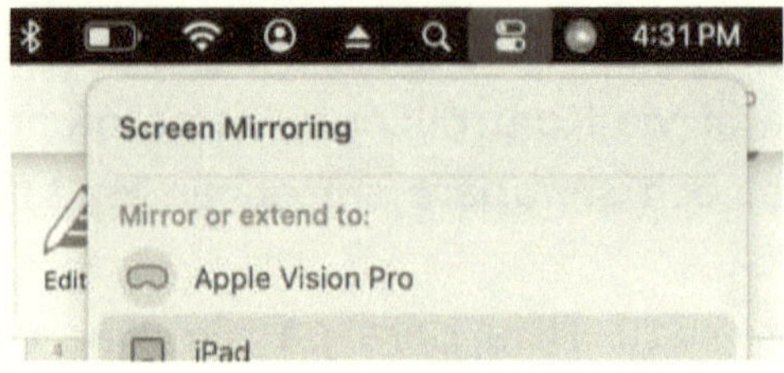

Vision Pro är en innovativ enhet som en dag kan komma att ersätta våra datorer och till och med kontor, men den har fortfarande vissa begränsningar. Här är några saker att tänka på - och förhoppningsvis kommer dessa att förbättras med tiden:

- Du kan bara ansluta en Mac åt gången. Jag har en hemma och en på jobbet, och det skulle vara praktiskt att ha dem i samma utrymme tillsammans.
- Du får bara en bildskärm. Du kan skapa flera fönster, men de visas alla på samma

skärm. Ja, din skärm är enorm - men du kanske ändå vill dra ut saker från datorn till din miljö.

- Om du inte använder Macens tangentbord och mus kan det vara svårt att navigera. Jag gömmer min docka och kunde inte hitta något sätt att visa den utan att använda styrplattan.
- Din arbetsyta sparas inte när du stänger av din Vision Proffs. Jag organiserade allt snyggt - klockan här uppe, Teams här borta, Slack på andra sidan - och sedan stängde jag av enheten för dagen. När jag slog på den igen var jag tvungen att omorganisera allt. Detta händer inte om du sätter den i standby.
- När jag skrollade upplevde jag ibland en fördröjning - det gick för långsamt att skrolla.

Du måste komma ihåg att detta är en Day One-produkt. Den kommer att bli bättre och bättre. För mig visade det sig att vissa uppgifter i Vision Pro gjorde mig mer produktiv. För andra - som att skriva - föredrog jag fortfarande att inte använda det.

Med detta sagt är det en sak som jag hade mindre av: nackspärr. Jag gillar att använda min bärbara dator i knät, vilket innebär att jag ofta tittar ner. Med Vision Pro upplevde jag att min nacke var mer i linje även om jag hade en avslappnad position. Vissa klagar på vikten, men personligen märker jag knappt av den och har inga problem med att använda den under långa perioder.

Jag har också använt Meta Quest 3 för arbete. Jag kan inte säga samma sak om den upplevelsen. Det var krångligt att ansluta min Mac, bilden var inte tydlig och jag kände att jag fick mindre gjort.

[4]
APPARNA

På första dagen hade Vision Pro cirka 600 appar som byggts enbart för visionOS; det låter som mycket, men med tanke på att iPad har över en miljon appar känns siffran plötsligt mindre. Men här kommer de goda nyheterna: för det första, och viktigast av allt, är de flesta iPad-appar kompatibla med visionOS, och så länge utvecklaren inte har inaktiverat dem kommer de att finnas i butiken (anledningen till att du inte ser appar som Netflix, Spotify och YouTube är inte att de inte är kompatibla - det är att de har inaktiverats av företagen).

Den andra goda nyheten är att utvecklare verkar vara riktigt entusiastiska över att utveckla för Vision Pro och att tänja på gränserna för vad den kan göra.

Slutligen är de appar som redan finns på Vision Pro är bra. Den här boken tar upp de appar som

Apple installerat, men det finns många fler att välja mellan i App Store.

APPLE TV

Apple TV är den första ikonen du ser på din hemmeny; den kommer förmodligen att vara en av dina favoriter eftersom det är här de flesta 3D-filmerna finns. Den har också den bästa filmupplevelsen. Disney+ låter dig ändra miljön, men Apple TV låter dig ändra sittpositionen.

Apple TV menyn på vänster sida är uppdelad i sju alternativ:

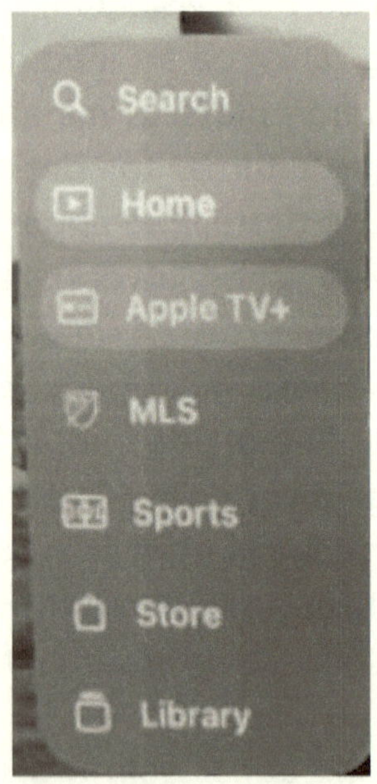

- **Sök** - Det första alternativet låter dig söka efter allt ditt medieinnehåll - du kan också söka efter genrer eller till och med format (som 3D)

- **Hem** - Appens huvudsakliga hemområde är Apples försök att göra det lättare att titta på media; under promos för innehåll ser du Up Next som är rekommendationer för vad de tror att du kommer att titta på nästa baserat på vad du har tittat på tidigare; så om det finns en ny TV program som du är känd för att titta på, kommer det att dyka upp här. Och inte bara ett TV-program på Apple TV-det kan vara på Peacock, Max eller praktiskt taget var som helst annars.

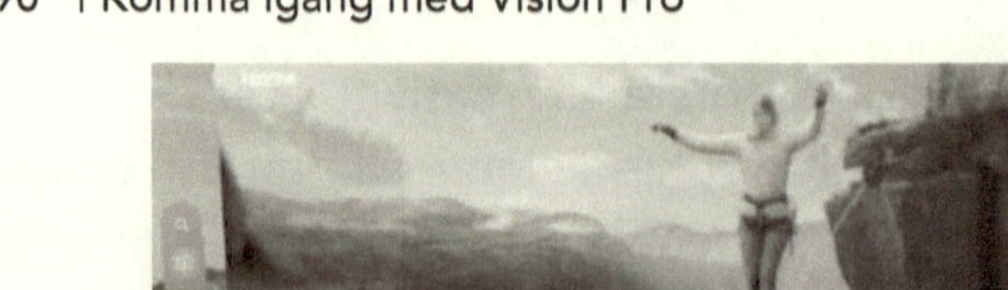

- **Apple TV+** - Det är här Apple har spenderat mycket av sina pengar. Det är underskattat, enligt min mening; det kanske inte har så mycket som Netflix eller Disney +, men innehållet som finns här är bra - några av de bästa sakerna på TV. Om du aldrig har provat program som *For All Mankind*, är det den perfekta tiden - och det är ett program som är gjort för denna typ av visning ...

- **MLS** - Apple har ett avtal med MLS och innehållet kommer att visas här.

- **Sport** - Apple har arbetat med flera sportlicenser som kommer att synas här.

- **Store** - Apple har tidigare sålt filmer och TV-program via iTunes TV-program genom iTunes appen; detta försvann några månader innan Vision Pro lanserades. Nu finns allt du vill köpa i Apple TV app.

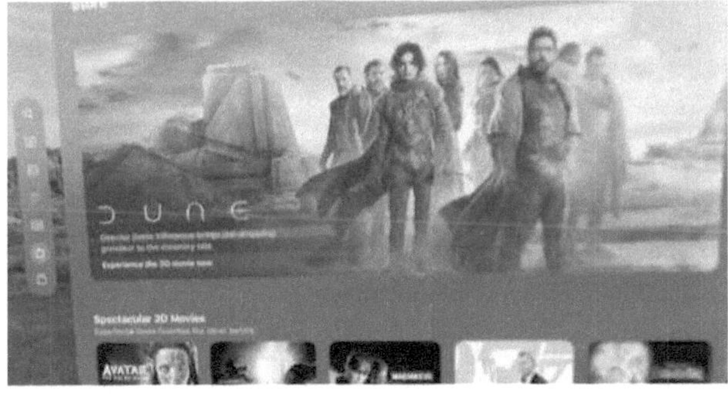

- **Bibliotek** - När du köper något (eller något du har köpt tidigare) kommer att dyka upp här. En av de bästa sakerna: innehåll som du har köpt tidigare och som är tillgängligt i 3D är gratis för dig; så om du köpte Avatar för några år sedan i det vanliga formatet, är det nu uppgraderat till 3D.

TITTA PÅ FILMER

I det här avsnittet visar jag dig hur Apple TV:s visningsgränssnitt ser ut; tyvärr visas ingen film på grund av upphovsrätt.

På den övre delen av skärmen finns back-ikonen (för att avsluta en film), miljö-ikonen och volym-ikonen. Längst ner finns alternativen framåt 10, paus, bakåt 10 sekunder och extra alternativ.

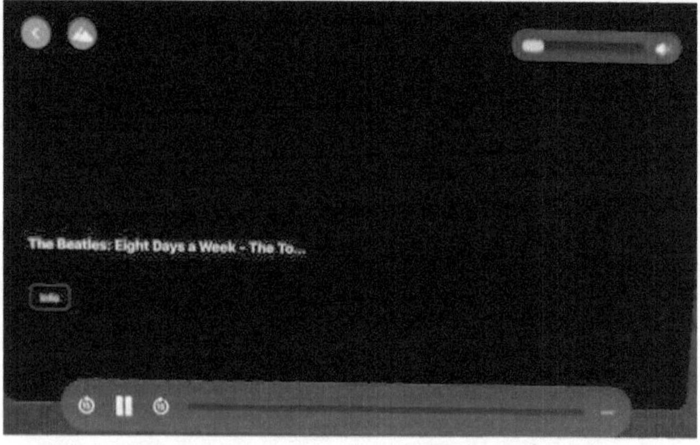

De extra alternativen är för uppspelningshastighet, språk, undertexter och automatisk dimning (om du tittar på en film medan du arbetar kan du avmarkera detta).

När du klickar på Miljöerkan du välja om du vill stanna i din miljö eller flytta saker och ting till en biograf. I biografmiljön blir det riktigt häftigt.

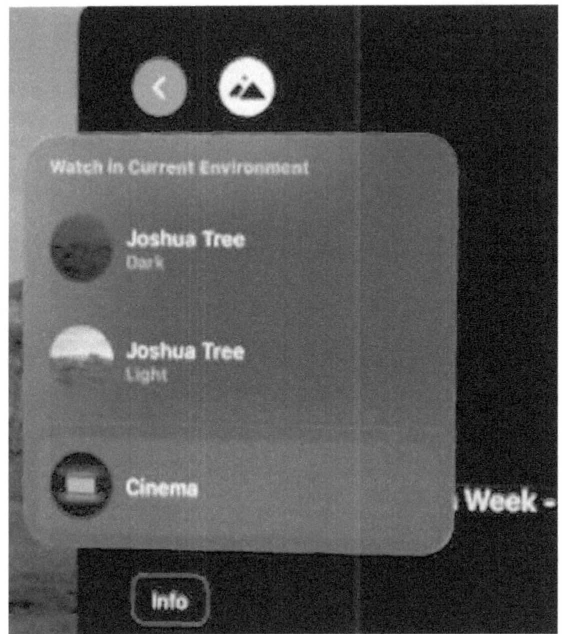

När du väljer Cinema kan du välja vilken rad du vill sitta på (fram, mitten, bak) och hur högt upp du vill sitta (golv eller balkong).

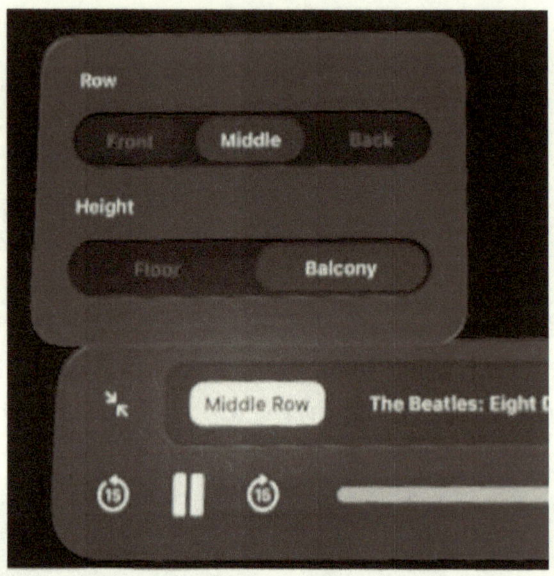

MUSIK

Det kanske inte finns en Spotify-app på Vision Pro (ännu), men Apple har inkluderat sin egen rivaliserande app och om du redan är investerad i Apples ekosystem bör du definitivt kolla in den; personligen har mitt hus Apple One-tjänsten som inkluderar Apple Music, TV, Arkad, nyheteroch Fitness; det är en bra tjänst om du gillar Apple.

Apple Musik kostar för närvarande 10,99 USD (5,99 USD för studenter); Apple One kostar för närvarande 19,95 USD; varje tjänst går upp i pris beroende på vad du vill ha - familj eller icke-familj, till exempel, eller om du vill ha något som Fitness+ (som tyvärr inte ingår som en Vision Pro-app för närvarande).

Låt oss ta en titt på hur Apple Music ser ut på Vision Pro.

Vision Proffsappar har ett ganska vanligt designmönster där menyerna är placerade på vänster sida. Så när du vill visa menyer ska du börja med att titta till vänster.

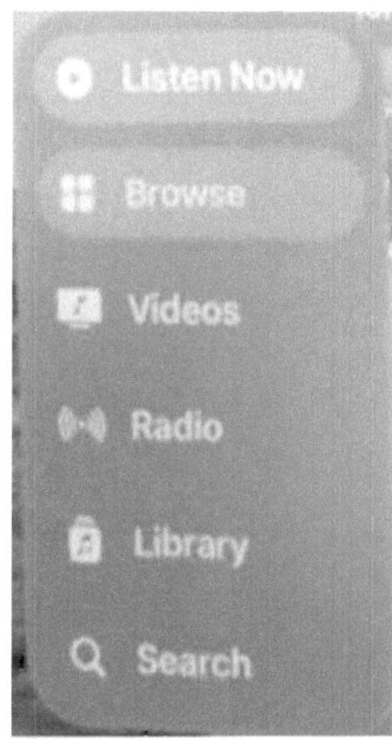

Menyfältet på Vision Pro liknar mycket de alternativ som finns på iPad och iPhone - detta är något du kommer att höra ofta i den här boken eftersom Apple medvetet har försökt att göra upplevelsen så lik som möjligt, vilket gör det anmärkningsvärt enkelt att lära sig om du redan är bekant med iOS eller iPadOS.

Alternativen i menyn är:

- **Lyssna nu** - detta är huvudområdet och är som hemsidan för rekommendationer och nyligen spelade.

- **Bläddra** - Här kan du se musik efter olika kategorier/genrer och rekommendationer; om du vill höra musik i Spatial audio (ett format som utnyttjar Vision Pros högtalare), hittar du det här.

- **Videos** - Detta utrymme är avsett för musikvideor.

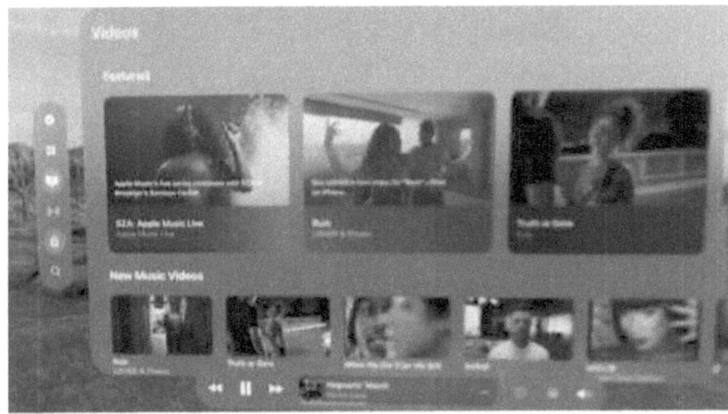

- **Radio** - Om du inte vet vad du letar efter har Radio-området olika reklamfria stationer i flera olika genrer som är kurerade av Apple.

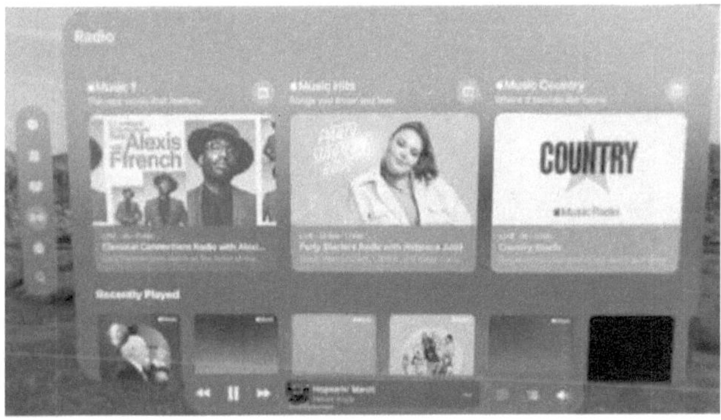

- **Bibliotek** - Om du äger någon musik ser du den här. Det är också här du hittar dina spellistor.

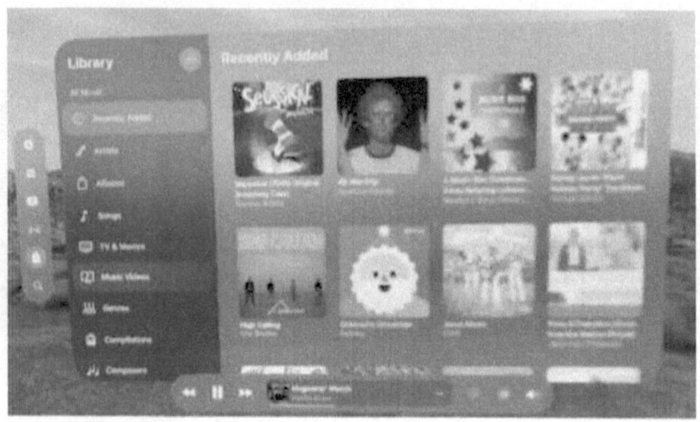

* **Sök** - Med Sök kan du söka efter olika artister och genrer.

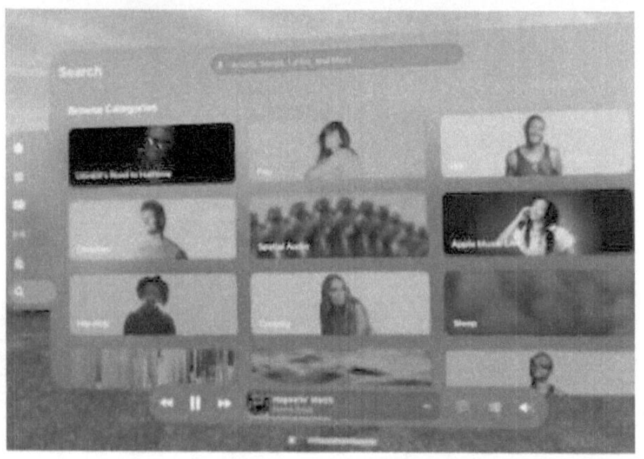

SPELA MUSIK

När du spelar musik visas den i det nedre fältet; det finns några alternativ när den spelas upp.

Om du trycker på de tre prickarna kan du till exempel lägga till den i ditt bibliotek, skapa en station och mycket mer.

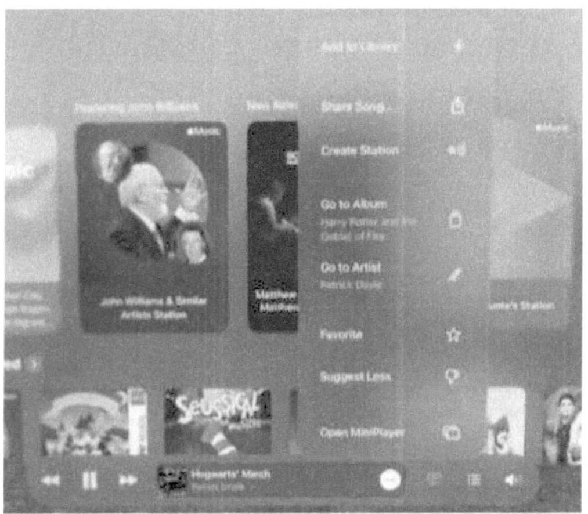

Om du trycker på låten kan du se albumet eller artisten.

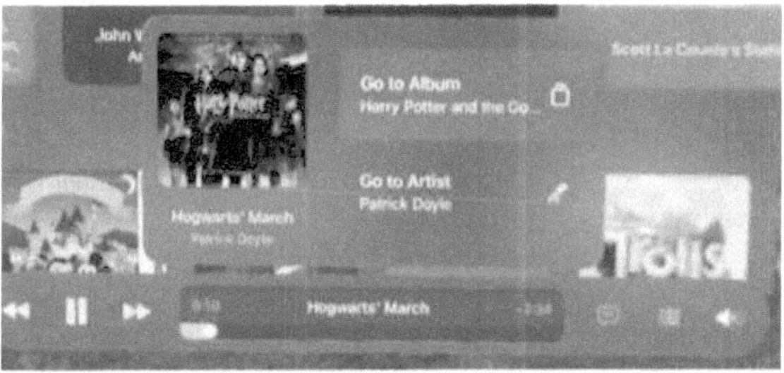

MINDFULNESS

En av de saker som Apple lyfte fram när de visade upp Vision Pro var medling. På många sätt är det den perfekta upplevelsen för Vision Pro, eftersom headsetet kan vara så... isolerande.

Om du känner att du bara behöver varva ner är Mindfulness Apples lösning. Den är vacker i sin enkelhet.

När du öppnar appen frågar den dig hur länge du vill göra det, sedan säger den startar. Det är allt. Som jag sa: det är väldigt förenklat.

Om du trycker på antalet minuter får du möjlighet att ändra både tid och instruktör. Det finns också ett självstyrt alternativ om du vill göra det på egen hand.

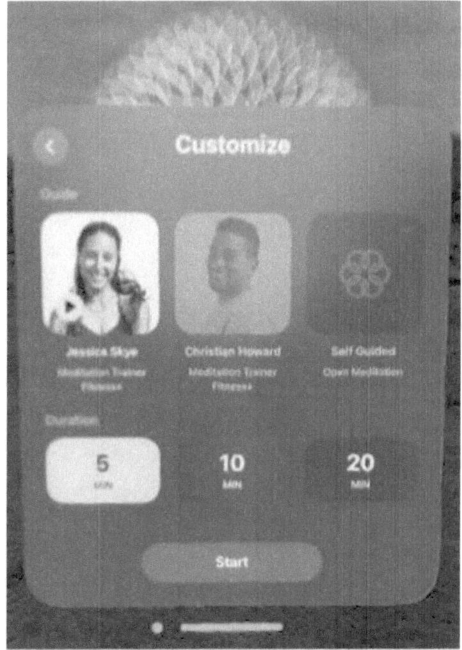

Under meditationen kommer du att se en boll som går in och ut för att hjälpa dig att visualisera din andning.

När medlingen är avslutad kan du lägga till information för att följa din session.

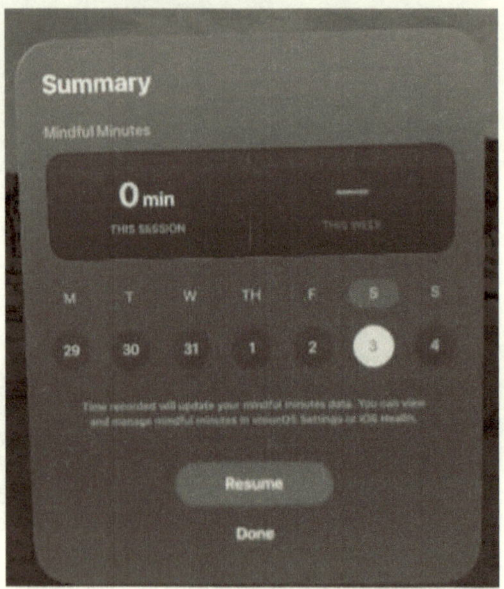

FRIFORM

Freeform lanserades på Mac och iPadOS för några år sedan, men Vision Pro kan vara den plats som Freeform var tänkt att hamna på. Freeform är en digital whiteboard som är perfekt för samarbete.

Kontrollerna är mycket enkla. Längst ner på skärmen finns alla dina alternativ. Det finns flera uppsättningar av marknader, och var och en kan ha en annan färg.

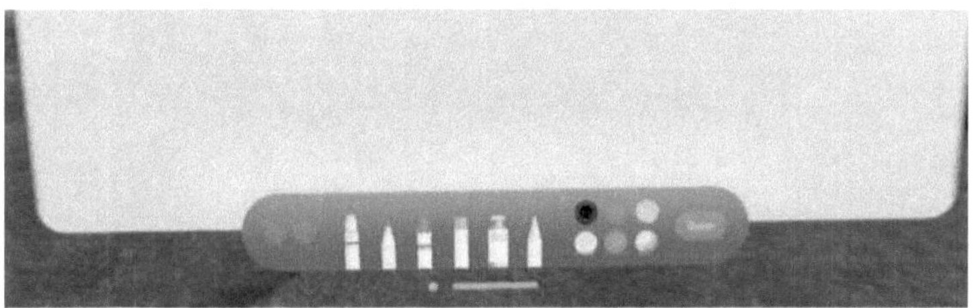

Du kan nypa och dra fingret över skärmen för att skriva (eller klottra i mitt exempel) med den valda pennan.

Det finns också objekt som du kan lägga till; du kan dra hörnen in och ut för att ändra storlek på dem. Du kan också lägga till text.

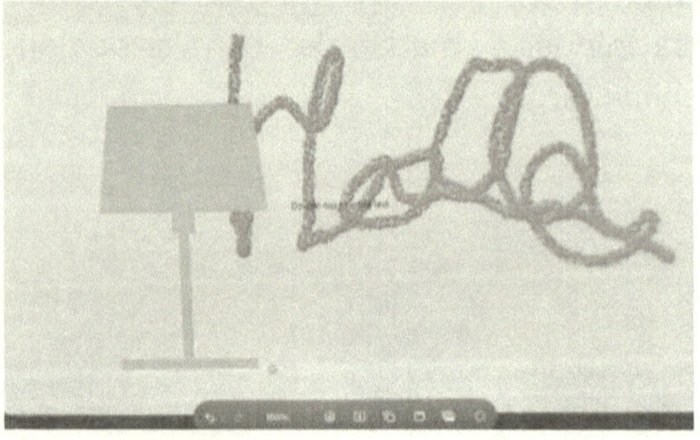

Och det finns klisterlappar som du kan sätta upp överallt.

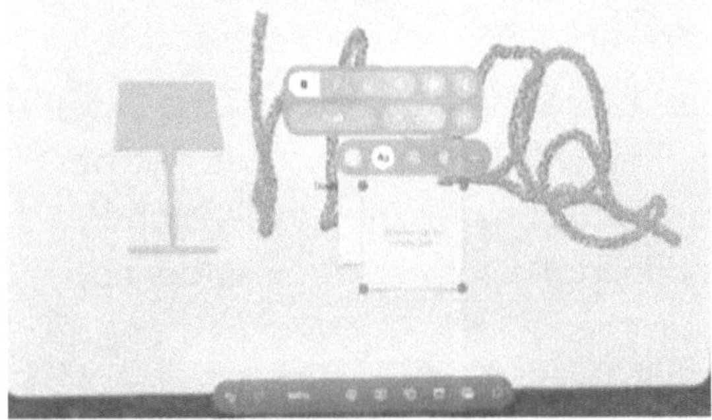

Du kan naturligtvis också lägga till bilder.

När du är klar kan du trycka på namnet högst upp för att byta namn på det eller exportera det.

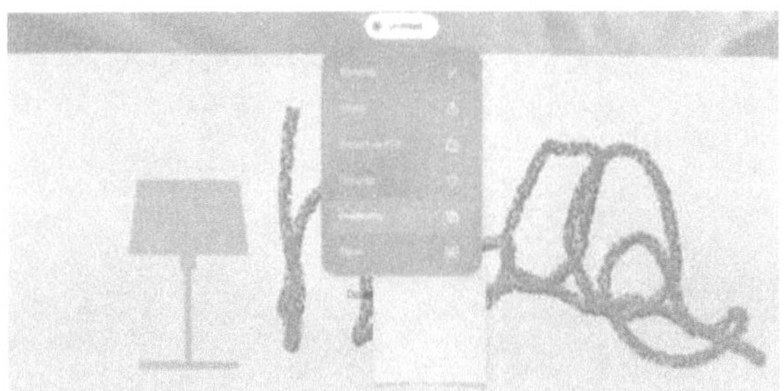

SAFARI

Safari är det huvudsakliga sättet att surfa på Internet. I skrivande stund är det det bästa alternativet om du vill ha en inbyggd Vision Pro-app. Firefox är tillgänglig som en kompatibel app.

Om du håller muspekaren över den övre delen visas de flikar som du har öppna. Tryck på ikonen + för att öppna en ny flik.

Du kan visa alla dina flikar genom att trycka på den sista ikonen till höger - den ser ut som två papperslappar som staplats på varandra.

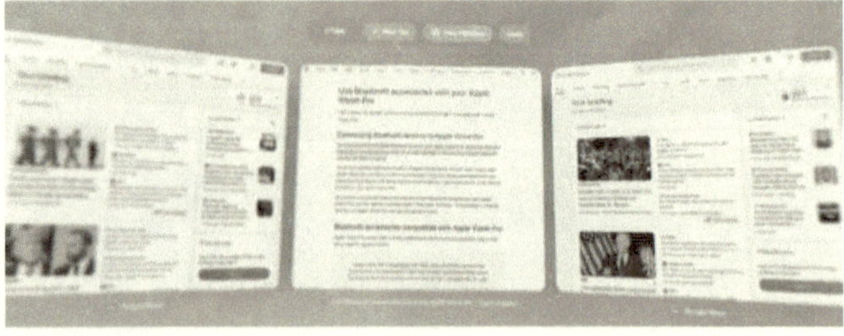

Om du trycker på AA-ikonen visas alla sidalternativ för det du tittar på.

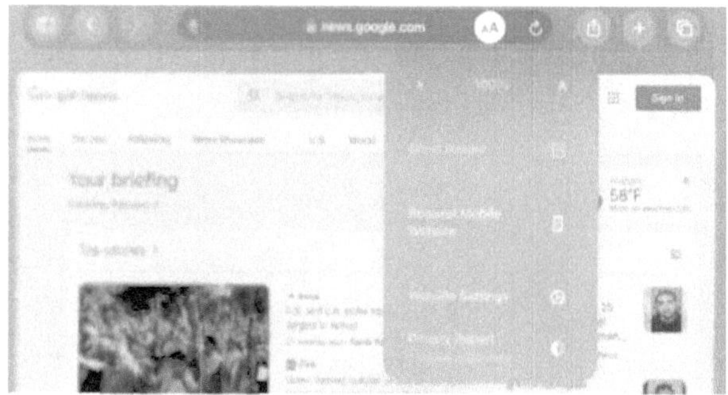

PRIVAT VISNING

Om du vill visa en sida privat (vilket innebär att din historik inte spåras) trycker du på ikonen längst till vänster för att visa sidofältet och väljer sedan alternativet Privat. När du öppnar en ny flik kommer den att vara i privat läge. För att återgå till det vanliga läget trycker du bara på den ovan med Vision Pro-ikonen.

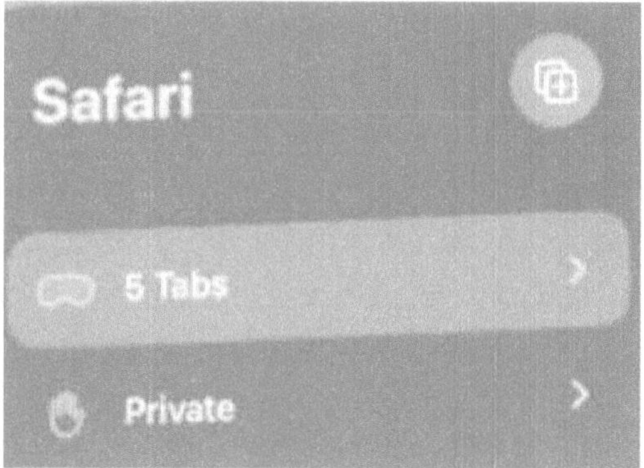

NOTER

Anteckningar har även optimerats för Vision Pro, men det ser nästan exakt likadant ut.

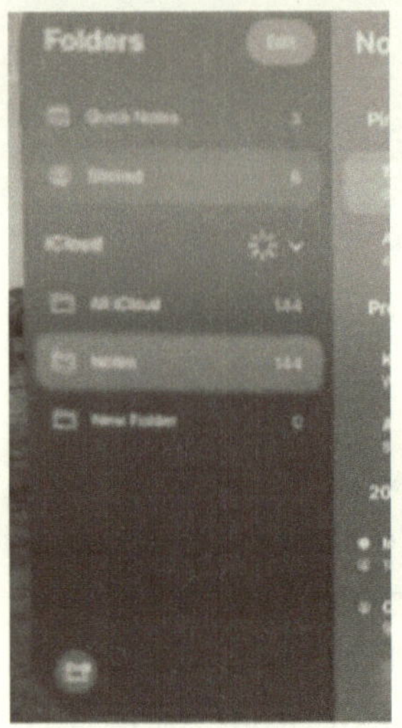

POST

Att kolla e-post på Vision Pro kan göras på webben, men om du vill göra det inbyggt måste du antingen skaffa en kompatibel app för iPad eller använda Apples Mail app. Den ser väldigt lik ut som Mail på alla andra Apple-produkter. När du öppnar den kan du lägga till din e-post; du har möjlighet att lägga till fler efter att du har lagt till ett konto. Du kan alltså ha flera e-postkonton.

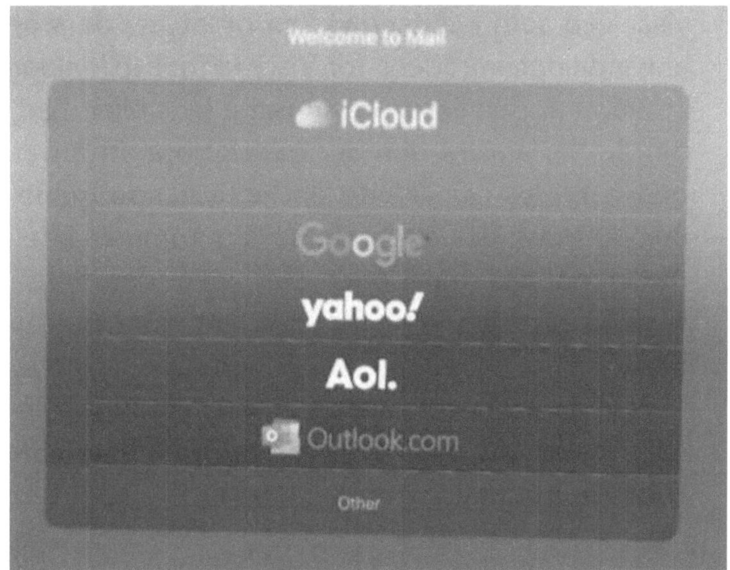

MEDDELANDEN

Meddelanden ser nästan identisk ut som iPad, men den är optimerad för Vision Proffs.

HUVUDANFÖRANDE

Keynote är den enda iWork-appen som ingår i Vision Pro (även om iPad-appar för de andra apparna stöds.

När du ser det tror jag att du kommer att förstå varför. Pages och Numbers fungerar alldeles utmärkt som iPad-appar; jag är säker på att de någon gång kommer att optimeras för Vision Pro, och de kommer att vara lite mer användbara när de är det. Men Keynote byggdes verkligen för Vision Pro, och enligt min mening ger det en av de bästa glimtarna in i framtiden för den här typen av datorer. Den visar vad som i slutändan kan bli ett av de största användningsområdena för Vision Pro: utbildning.

Själva appen liknar Keynote på Mac eller iPad; så om du har använt den där går det bra att använda den här. Det här är inte en heltäckande guide till hur du använder apparna, så jag kommer inte att gå in på alla funktioner här, men det finns en särskild som jag vill lyfta fram: att göra presentationer.

När du väljer att öva på en presentation kan du välja mellan att öva i ett konferensrum eller i Steve Jobs auditorium!

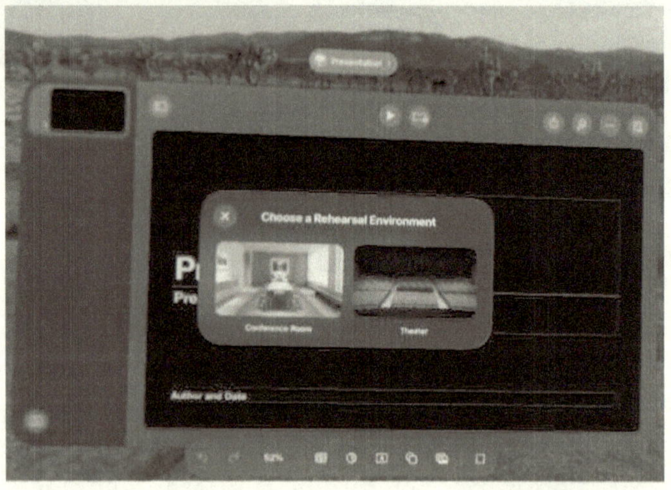

I båda inställningarna har du dina bilder förhandsgranskade framför dig, och när du vänder dig om bakom dig ser du din presentation. Det känns verkligen som om du står på scenen och presenterar för ett tomt rum, och bakom dig är det vad din tomma publik ser.

Det är coolt, men varför är det en glimt av framtiden? Vision Pro är på dag ett; tänk på framtiden - tänk på de barn som går i grundskolan just nu och som förmodligen kommer att packa en Vision Pro när de börjar på college. Men backa bandet: kommer de verkligen att behöva åka iväg till college längre?

Tänk om det vi ser här är presentatörsläget, men att det i framtiden kommer att finnas ett "tittarläge"? Ett läge som låter dig gå in i auditoriet för en universitetsföreläsning, och du kan vända dig åt höger och vänster och se dina kamrater som du skulle göra i klassrummet. Du kan prata med dem - till och med föra anteckningar med dem.

Vi är inte där än, men den här appen kommer att få dig att ifrågasätta hur verklig möjligheten kommer att vara. Den får dig att önska att du var ett barn - att du kunde lära dig om konst genom att virtuellt besöka museer eller lära dig om månen genom att gå på den! Vision Pro gör dig förväntansfull inför framtiden och det är appar som Keynote som hjälper dig att se den.

FILER

Om du laddar ner saker från Internet (eller e-postbilagor) kommer du att kunna hitta dem här. Du får också tillgång till alla dina molndokument. Tyvärr är det inte helt lätt att söka.

FACETIME OCH PERSONAS

Om du tittar runt i Vision Pro OS, kommer du snabbt att märka att det inte finns någon Facetime app. Det är konstigt, för appen finns - du hittar bara ingen ikon för den. Det finns inte heller någon telefonikon - den finns, men det finns ingen genväg för dem.

För att ringa röstsamtal eller Facetime samtal går du till området Personer i hemmenyn, letar sedan upp den person du vill ringa och på personens kontaktkort ser du Facetine som ett alternativ.

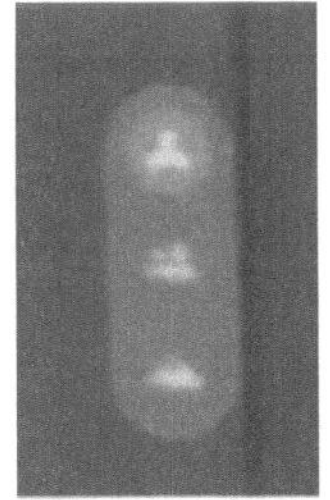

Jag säger allt detta som en inledning till Personasdet finns ingen Personas-app, men för att dra nytta av Facetime videosamtal behöver du en.

Personasär i skrivande stund i beta. Men låt inte beta-etiketten lura dig, för det fungerar faktiskt riktigt bra - på sätt och vis. Om du inte har provat Vision Pro ännu, så har du förmodligen sett memes om Personas eller kanske hört någon kommentera hur konstigt det ser ut. Chansen är stor att du hörde detta från någon som inte har använt det på Vision Pro och bara har sett ett foto. Det är verkligen något du måste uppleva med headsetet på för att uppskatta det till fullo.

Min fru skrattade när jag ringde henne; hon skrattade lite för länge! Jag antar att jag kunde ha gjort mitt hår. Jag har också på mig en rosa tröja på fotot, men av någon anledning matchar den min hud och vid första anblicken ser det ut som om jag inte har någon skjorta på mig!

Här är en av de viktigaste sakerna du behöver veta om Personas: Var försiktig med vad du har på dig! Om du har en skjortkrage som är sned, är det vad folk kommer att se tills du gör om din Persona. Personas handlar om ditt ansikte; det betyder att ditt hår och dina kläder kommer att se stela ut.

Se till att du har bra belysning när du tar din bild för Personas. Om du har en webbkameralampa ska du använda den.

Att skapa en Persona går ganska snabbt, så experimentera och ha kul med det. Ta ett par bilder och se vilken du gillar bäst.

Miljöer förändrar också hur saker och ting låter. Om din miljö är utomhus kommer du att märka en mycket subtil förändring i hur du låter för andra. Det var många fina detaljer som låg bakom den här upplevelsen, och det här är en av dem.

För alla som du ringer till ser du förmodligen lite robotaktig ut. Om du vill se varför Personas är bättre än en meme, försök då hitta någon annan med en Vision Pro att ringa - det är vad Personas egentligen är till för.

SKAPA ELLER REDIGERA EN PERSONA

Om du inte gjorde en Persona vid installationen eller om du vill göra om det, måste du gå in i dina inställningar för att göra det. Inställningar > Personas. Härifrån kan du antingen redigera din Persona eller återskapa den.

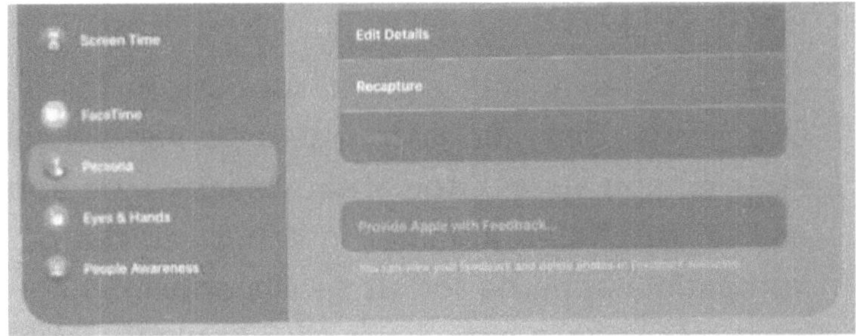

När du redigerar en Persona (eller när du gör det för första gången) kan du välja belysning för din Persona.

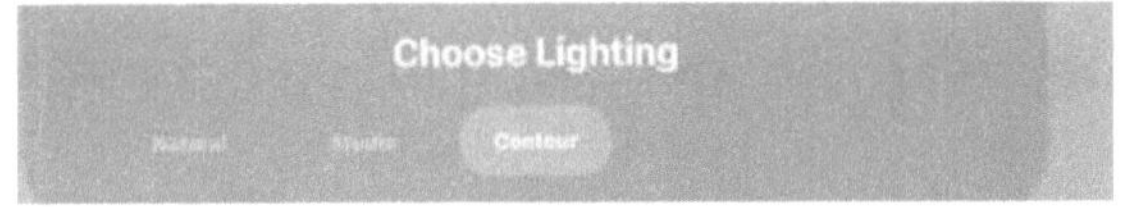

Du kan också välja ljusstyrka och temperatur för din hudton.

Slutligen kan du välja om du har glasögon.

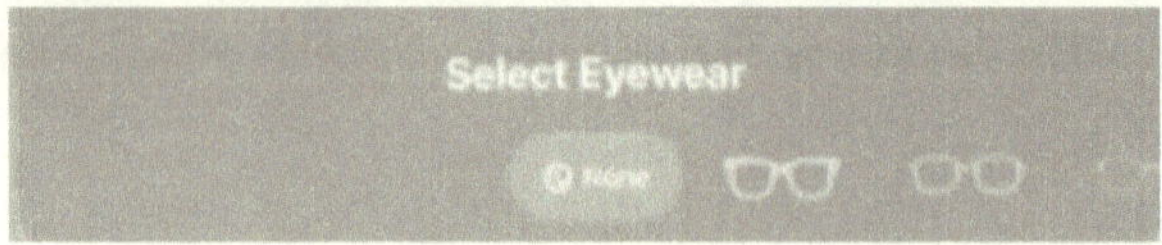

APP STORE

App Store är inte så olik appbutiken för iPad. Det här är det viktigaste att veta: när du söker efter en app visas automatiskt de inbyggda apparna; när resultaten kommer in kan du trycka på de kompatibla apparna för att se alla appar. Så om du letar efter något som Slack eller Outlook (båda är för närvarande inte tillgängliga i Vision Pro) måste du växla över till kompatibla appar för att hitta det.

För att köpa en app kan du använda ditt lösenord eller aktivera Optic ID-vilket innebär att du för att köpa något bara stirrar på skärmen och den bekräftar din identitet med en ögonskanning.

KOMPATIBLA APPAR

appar som är kompatibla med Vision Pro, men som inte är utvecklade för Vision Pro (t.ex. iPad-appar) visas i det här avsnittet - det gäller både

Apple-appar och appar som du laddar ner från App Store.

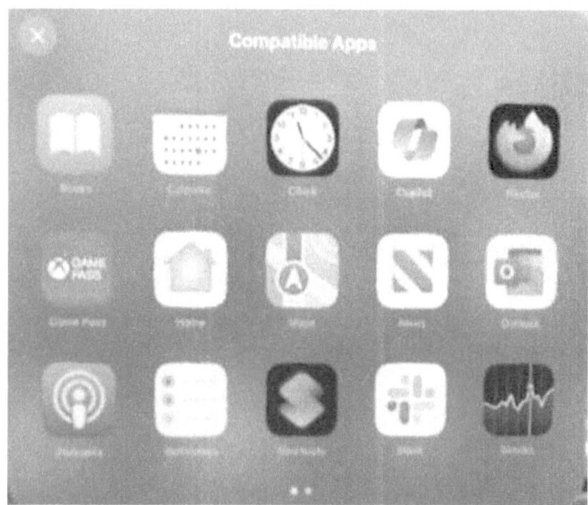

[5]

TA OCH VISA BILDER OCH VIDEOS

TA VIDEOR OCH FOTON FRÅN RYMDENOCH FOTON MED VISION PRO

Att ta videor med din Vision Pro är inte dåligt, men enligt min mening är det inte lika bra som det du får med iPhone 15 Pro. Vision Pro är bättre på att visa innehåll än att fånga det. Men om du inte har en iPhone 15 Pro är Vision Pro för tillfället ditt enda alternativ - men bli inte förvånad om du börjar se Spacial capture på iPad och till och med de billigare iPhone-modellerna i framtiden.

Det är enkelt att ta bilder och videoklipp - du behöver inte öppna appen Camera app att öppna som du skulle göra på någon annan enhet. Allt du behöver göra är att trycka ned den övre knappen en gång.

När du trycker ned den översta knappen frågar den om du vill ta ett foto eller en video av rymden.

Tryck på den övre knappen igen för att ta bilden eller videon; om du spelar in en video kan du antingen trycka på den övre knappen för att stoppa den, eller trycka på den röda stoppfyrkanten.

Du kan dela dessa foton och videor med vem som helst - även personer utan Vision Pro. Men för alla andra kommer de att visas i 2D.

TA VIDEOR OCH FOTON FRÅN RYMDENOCH FOTON MED IPHONE 15 PRO

Om du har en iPhone 15 Pro kan du redan ha fångat minnen som förbättrats för Vision Pro och inte ens vetat om det! Om du inte har gjort det så visar avsnittet hur du gör (tyvärr gäller detta endast iPhone 15 Pro och Pro Max - vanlig iPhone 15 klarar det inte...och inte heller iPhone Protidigare än 15).

KONFIGURERA DIN IPHONE 15 PRO FÖR SPATIAL VIDEO MAGI

Låt oss börja med att göra din iPhone 15 Pro eller Pro Max redo för denna 3D-resa. Gå till `Inställningar > Kamera > Format` och slå på alternativet "Spatial video för Apple Vision Pro". Denna inställning är din gyllene biljett till 3D-världen och är tillgänglig för iPhone 15 Pro-modeller som kör iOS 17.2 eller senare (den var inte tillgänglig när telefonerna först släpptes, så se till att göra den uppdateringen om du inte redan har gjort det).

SPELA IN DIN FÖRSTA SPATIALA VIDEO

Är du redo? Ta din iPhone 15 Pro och låt oss börja filma:

1. **Starta kameran App**: Öppna Kamera och växla till läget Video läge. Liggande orientering är din vän här - porträttorientering är inte ett alternativ.
2. **Aktivera spatial video**: Leta efter knappen Spatial Video Off och tryck på den. Nu är du redo att spela in i 3D!
3. **Fånga ögonblicket**: Tryck på inspelningsknappen eller på någon av volymknapparna för att starta. Här är några proffstips för den perfekta bilden:
   a. Håll din iPhone stabil och jämn.
   b. Placera motivet på ca 3 till 8 meters avstånd.
   c. Se till att belysningen är stark och jämn.
4. **Avsluta det hela**: Tryck på inspelningsknappen igen eller tryck på en volymknapp för att stoppa. För att avsluta spatialt videoläge

trycker du bara på knappen Spatial Video På-knappen.

VISA OCH DELA DINA 3D-SKAPELSER

Se till att du är inloggad med ditt Apple-ID och har iCloud Foton på för smidig synkronisering mellan enheter.

EN KORT KOMMENTAR OM SPECIFIKATIONER

Kom ihåg att spatiala videor på iPhone 15 Pro och Pro Max spelas in i 1080p med 30 bilder per sekund. Varje minut av detta 3D-godis tar upp ca 130 MB lagringsutrymme, så planera din lagring därefter. Den där körkonserten kan komma att ta upp 4 GB på din telefon!

VISA FOTON

Photos-appen är optimerad för Vision Pro, men på sätt och vis är det också en sämre app än vad du får på iPhone och iPad; appen Foton är till för att visa foton - inte för att redigera dem. Den är organiserad på ett mycket bekant sätt, men känns också som en påminnelse om att Vision Pro är en enhet för att se innehåll - inte alltid redigera innehåll.

Det finns tre huvudområden i appen. Till höger finns det huvudsakliga visningsområdet där alla miniatyrbilder visas; bredvid det finns undermenyn som baseras på den meny du väljer.

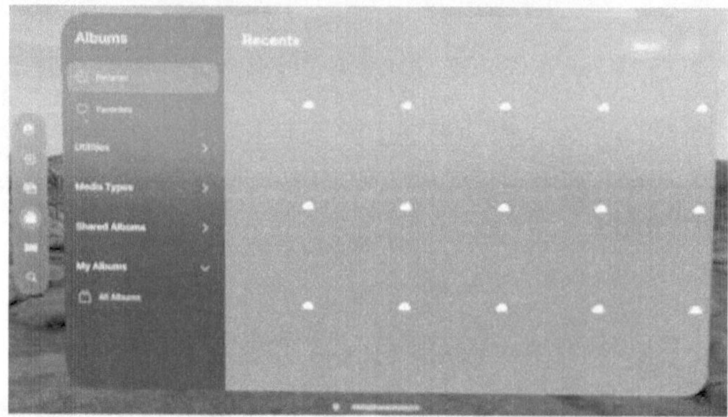

Till höger finns huvudmenyn som visar följande: Rymd (där alla rymdvyer som tagits med din iPhone eller med Vision Pro), Minnen (som du kan skapa eller som Apple skapar åt dig), Bibliotek (alla foton), AlbumPanoramabilder och Sök.

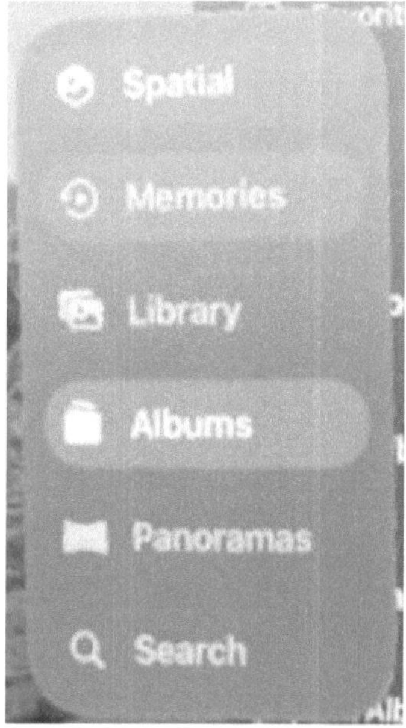

Om du inte har använt sökfunktionen på ett tag är det värt att kolla upp den. Tänk inte på det som att söka efter titlarna på filer; det var så igår! Med Sök idag kan du söka efter vad som finns i bilderna. Så du kan säga "vit hund" och den kan förstå vad du just sa och skanna dina foton efter allt som liknar en vit hund.

När du visar ditt foto kan du dela det och se det, men det är ungefär allt. Genom att nypa och svepa kan du se bilderna till vänster och höger, men för närvarande finns det inget alternativ för att redigera en bild.

Förutom Spacial-videor (som förmodligen är tomma om du inte har en iPhone 15 Pro) är Panoramas det bästa med appen; och det bästa med Panoramas är att du kan ta det med vilken telefon som helst - så du kanske har några i ditt bibliotek.

När du visar ett panorama på Vision Pro, kommer det att se ut som ett långt foto. Men titta på ikonen i det övre högra hörnet - det ser ut som en rektangulär ruta som kläms ihop.

Det förvandlar ditt foto till ett 180-graders foto; du kan inte se det nedan, men i headsetet skulle jag kunna vrida mig åt vänster och höger för att se fotot i mycket skarp HD.

Att visa Spacial-foton och -videor är en liknande process; den normala vyn är 3D, men inte uppslukande; genom att trycka på hörnikonen förvandlas dina Spacial-foton och -videor till en uppslukande upplevelse. Men varning! Spacial-videor kan orsaka åksjuka! Om du tittar på den här typen av innehåll, se till att det inte är mycket rörelse i scenen. Jag filmade mina hundar när de lekte och ramlade nästan omkull när jag slog på det uppslukande läget!

[6]

INSTÄLLNINGAR

Nu när du vet hur du använder Vision Pro ska vi ta en titt på inställningarna, där du kan se hur du konfigurerar saker och ting.

Appen Inställningar ser nästan identisk ut som på iPad: en navigeringspanel till vänster med inställningarna för varje kategori till höger. Men låt inte utseendet bedra dig, för det finns en hel del inställningar som du bara hittar på Vision OS. Jag kommer att gå igenom varje område härnäst.

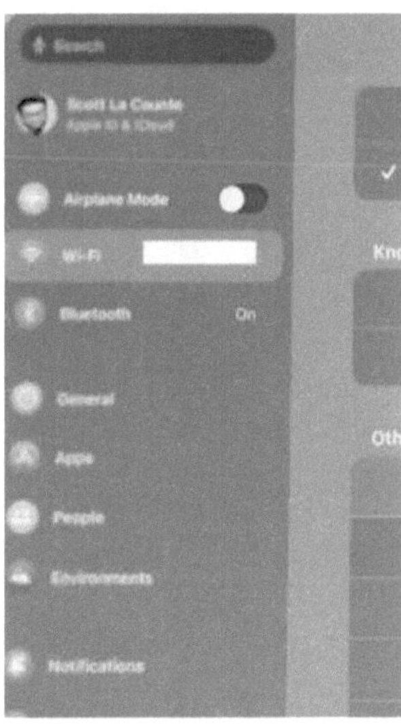

Wi-Fi

När du vill ändra det trådlösa nätverk som din Vision Pro är ansluten till, går du hit. Den kommer ihåg lösenord, så om du går till en plats där du har varit tidigare kommer den automatiskt att ansluta om wi-fi är detsamma.

Bluetooth

Vad händer om du vill använda en handkontroll? Tangentbord? Styrplatta? Eller någon annan Bluetooth enhet? Det gör du i Bluetooth. De flesta styrenheter och tangentbord stöds, men det bästa alternativet för en styrplatta är Apples. När du använder en styrplatta visas en liten genomskinlig cirkel på skärmen.

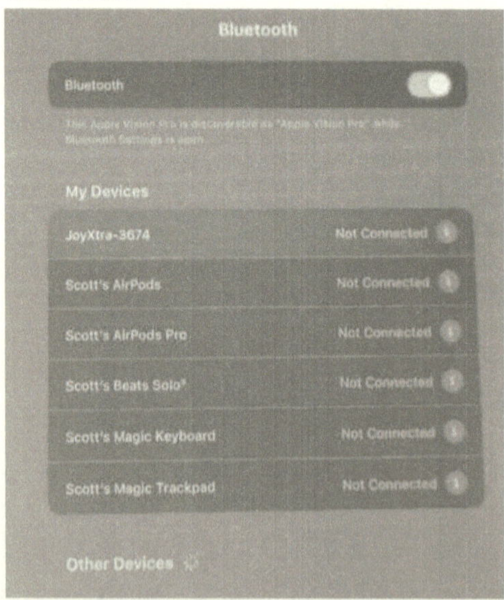

ALLMÄNT

Några av de viktigaste inställningarna finns under Allmänt. Under Om kan du hämta enhetens serienummer, göra programuppdateringar, ändra tangentbordets utseende, justera tiden, ändra språk, lägga till ett VPN, återställa din Vision Pro och även stänga av den.

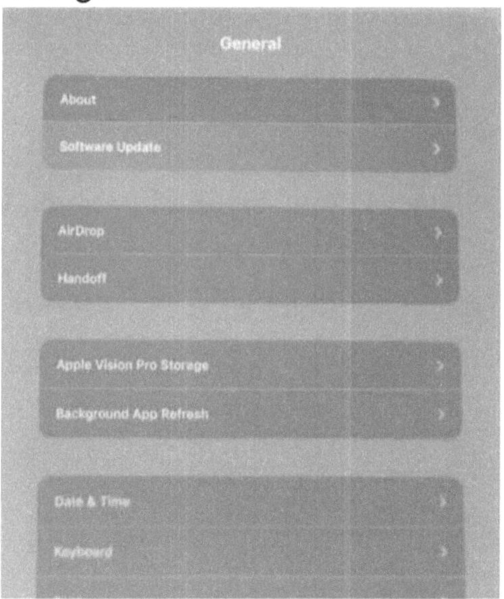

APPAR

Som namnet antyder är Apps där du hittar en lista över alla dina appar, men det är också där du kan ändra dina appinställningar. När du trycker på en app ser du ytterligare saker som du kan lägga till eller ändra.

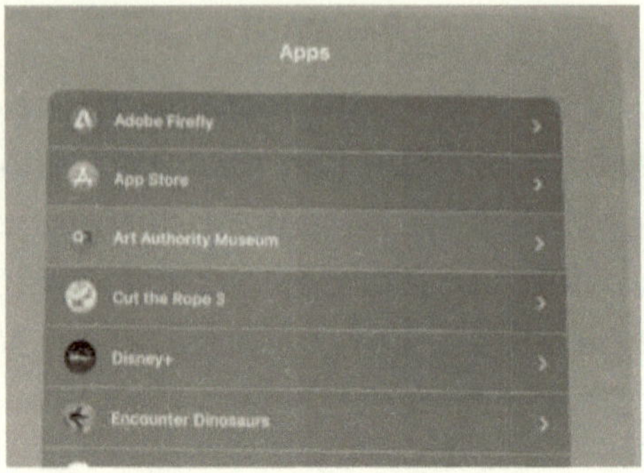

MÄNNISKOR

Med Personer kan du justera hur namn visas, och du kan även lägga till personer i din blockeringslista så att de inte kan kontakta dig.

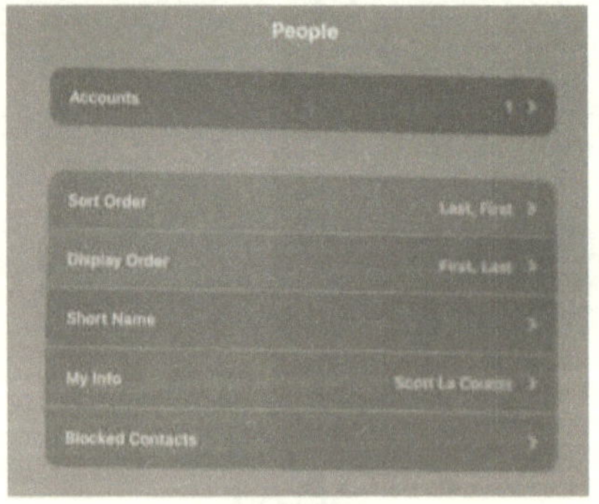

MILJÖER

Miljöer kan du välja om en miljö är ljus, mörk eller ändras automatiskt baserat på var du befinner dig. Volymen både nedan är inte för normalt ljud; det är för det omgivande ljudet som spelas i miljön - så om du är ute på stranden hör du vågor i bakgrunden, men du kan justera hur högt de är.

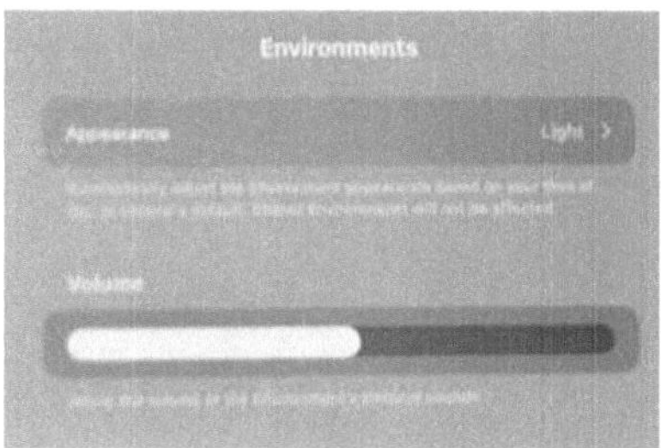

MEDDELANDEN

Meddelanden kan du justera vilka typer av aviseringar du får från appar. Så låt oss säga att du laddar ner NBA-appen, men inte vill ha aviseringar från dem; du kan stänga av dem eller, om du vill ha dem på, välja hur de ska visas.

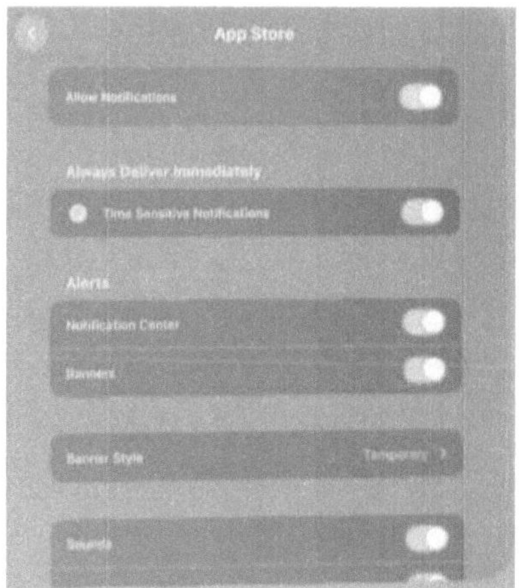

LJUD

Ljud låter dig justera ljudet som spelas upp på enheten.

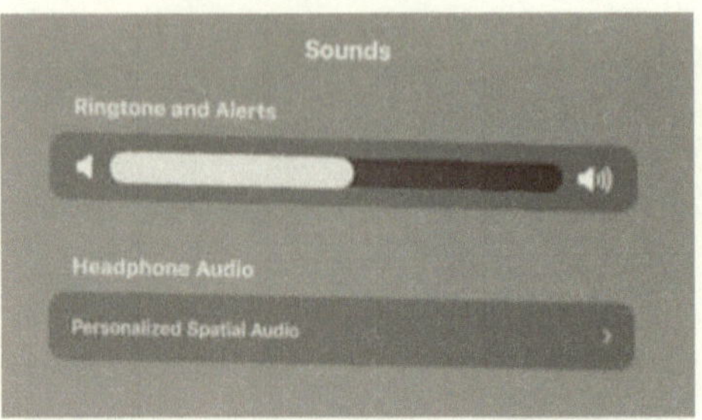

FOKUS

Fokus kan du ändra vilka aviseringar som visas, t.ex. kan du ställa in ett läge där du inte får e-post eller textmeddelanden, men fortfarande får telefonsamtal från familjemedlemmar, eller så kan du stänga av allt.

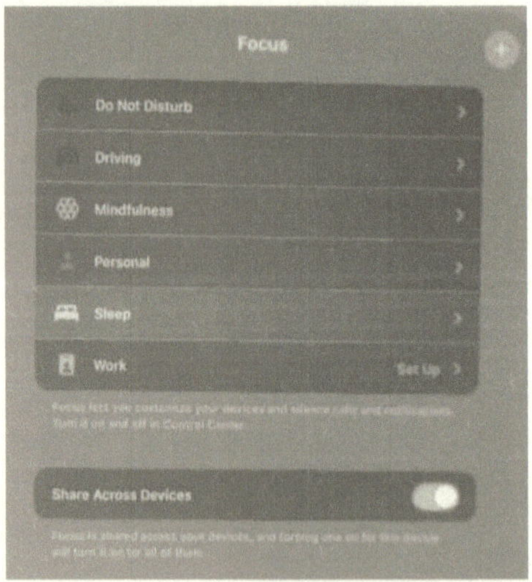

SKÄRMTID

Om du har en Vision Pro älskar du förmodligen att konsumera underhållning, och du kommer att hoppa rakt över den här! Men i princip är den till för att ställa in olika begränsningar - så att du bara kan spela spel ett visst antal timmar eller bara kan titta på PG-13-filmer.

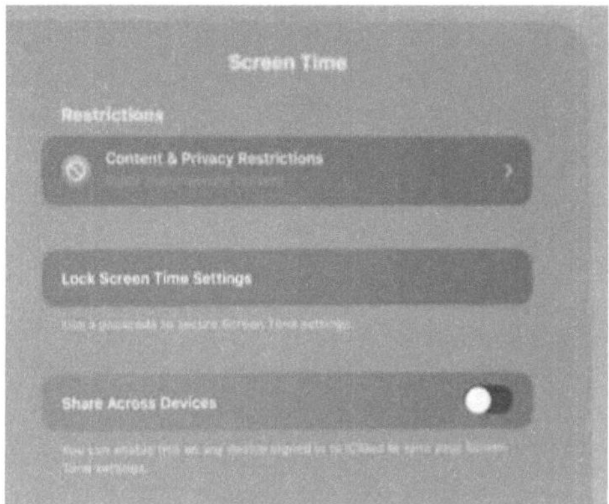

FACETIME

FaceTime är ganska grundläggande när det gäller inställningar; du kan aktivera Siri och sökning på och slå på och av FaceTime; en sak du kanske vill göra är att lägga till olika e-postadresser och telefonnummer, vilket görs i de nedre rutorna (visas inte i illustrationen nedan).

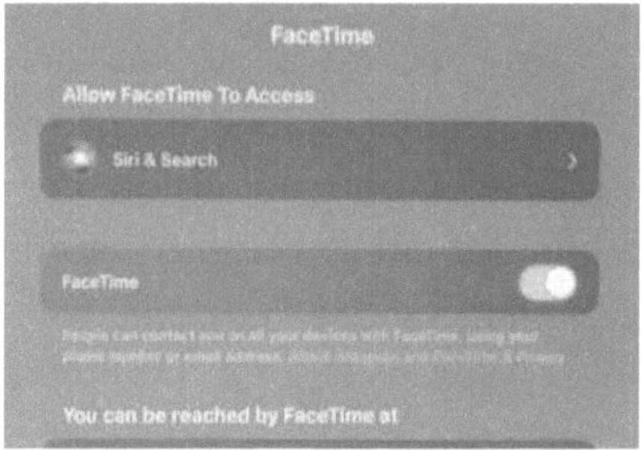

PERSONA

I Persona kan du göra ändringar eller återskapa din Persona; det behandlades i ett tidigare kapitel.

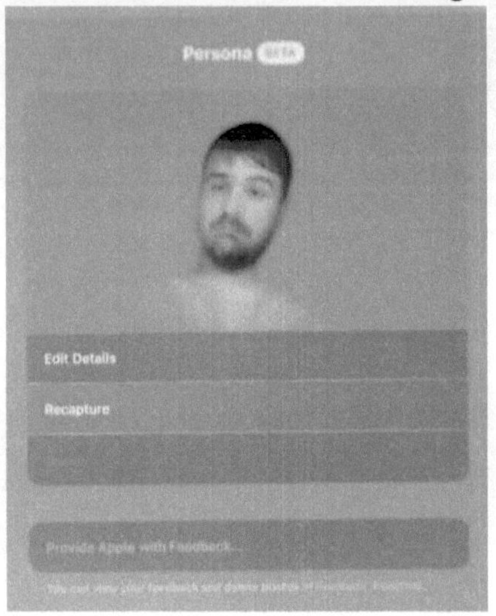

ÖGON OCH HAND

Om hand- och ögonstyrning inte verkar fungera bör du först försöka rengöra dina linser med det tyg som Apple levererade med din Vision Pro. Du kan också justera ljuset. Om det inte fungerar kan du gå in i den här inställningen och göra om spårningen. Du kanske också vill prova att starta om enheten. Spårningen på Vision Pro är otrolig, men ibland blir den lite... buggig - som att du inte kan välja hörn eller mindre knappar.

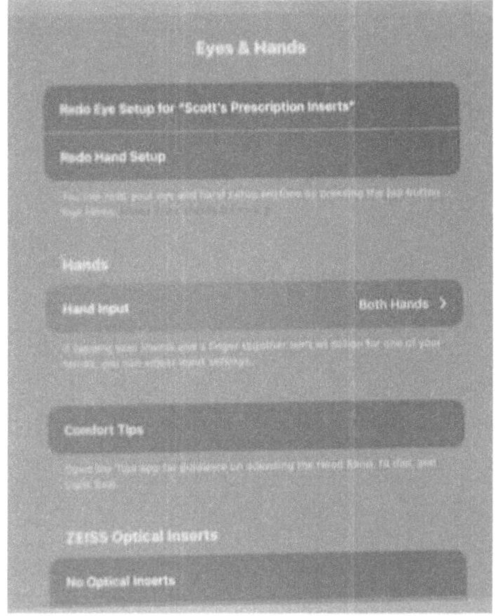

MEDVETENHET OM MÄNNISKOR

När människor går fram till dig medan du har headsetet på dig försvinner din omgivning och du kan se dem. Jag tycker att det är ganska coolt och hjälper mig att inte försvinna helt från världen, men om du hellre inte vill se någon kan du stänga av personmedvetenheten i den här inställningen. Du kan också välja om du vill se människor när du tittar på något uppslukande eller bara om du har en miljö.

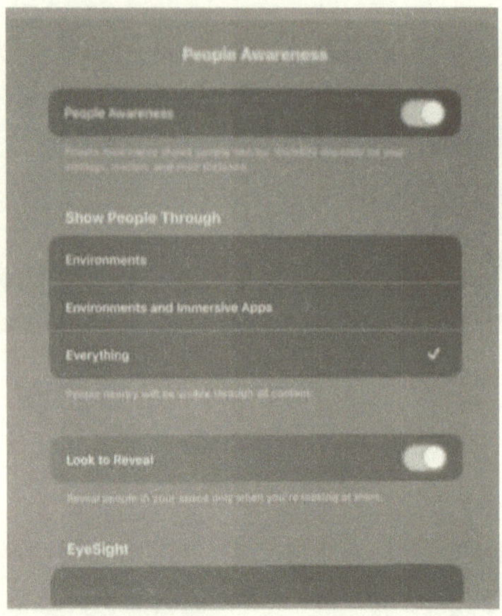

TILLGÄNGLIGHET

Vid sidan av inställningen Allmänt är Tillgänglighet den mest omfattande. Du kan gå in här för att minska rörelser, lägga till en hörapparat, göra text större och mycket mer.

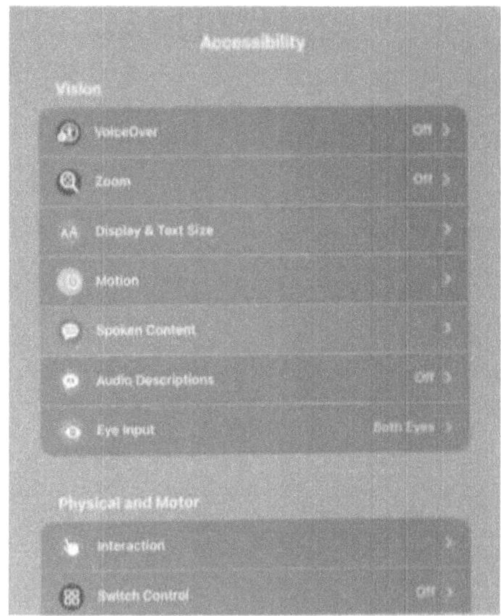

KONTROLLCENTER

Om du aldrig har anpassat ditt supportcenter bör du överväga att göra det. När du går in i inställningarna för Control Center kan du lägga till och ta bort genvägar som visas genom att trycka på ikonen + eller - bredvid genvägen. I VisionOS kan du också justera positionen för var den visas; om du vill att ikonen ska visas högre eller lägre kan du flytta skjutreglaget för att hitta den bästa positionen.

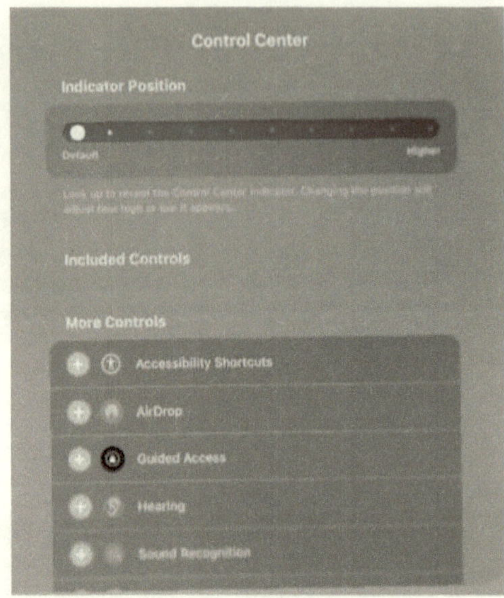

SIRI & SÖK

Om du vill ändra hur Siri aktiveras, hur rösten låter och mycket mer, kan du göra det i den här inställningen.

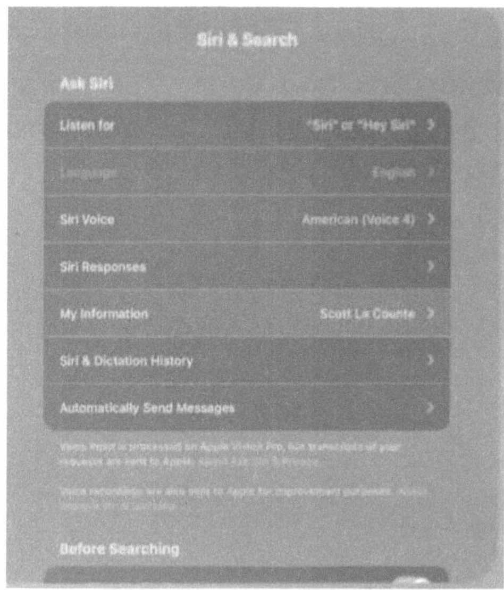

SEKRETESS & SÄKERHET

Dina appar spårar olika saker; de kan till exempel spåra din plats; du kan slå på och av det här. Men var försiktig - om du stänger av spårningen kan appens beteende ändras; en väderapp behöver till exempel veta var du befinner dig för att kunna visa vädret på din plats.

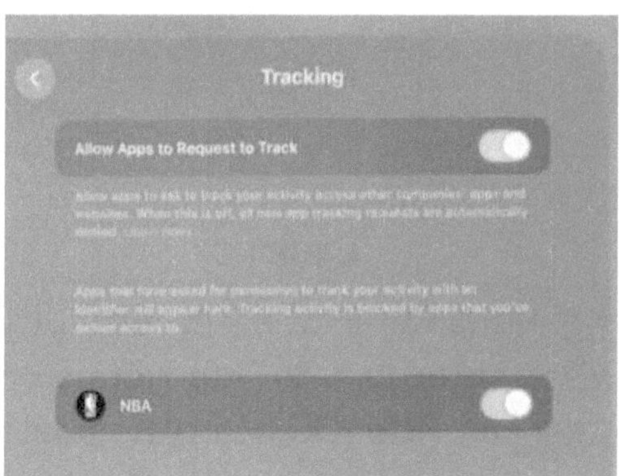

DISPLAY

Om saker och ting verkar för stora eller små, eller för ljusa eller dunkla, kan du gå in här och justera dem.

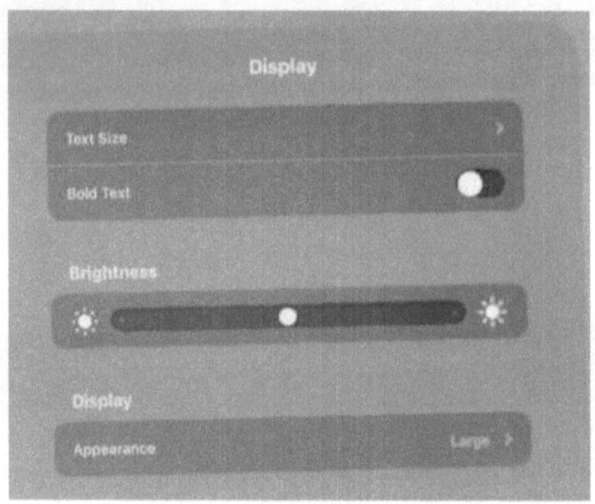

BATTERI

Batterisektionen är mycket enkel, i skrivande stund är det bara en knapp som låter dig slå på och av batteriprocenten.

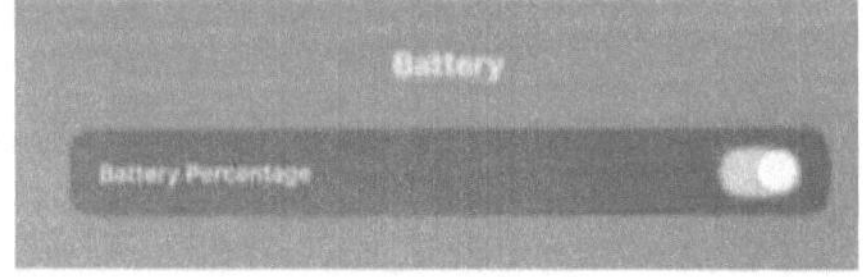

LAGRING

Lagring visualiserar var allt ditt utrymme används. Vissa saker kan du inte göra så mycket åt, till exempel kan visionOS och systemdata inte minskas. Andra saker kan antingen avlastas eller raderas för att spara utrymme.

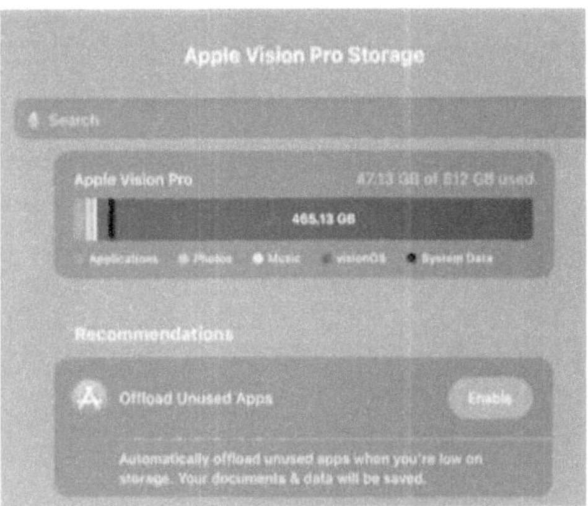

Om du scrollar nedåt kan du se hur mycket utrymme varje enskild app tar i anspråk; vissa appar tar flera GB i anspråk.

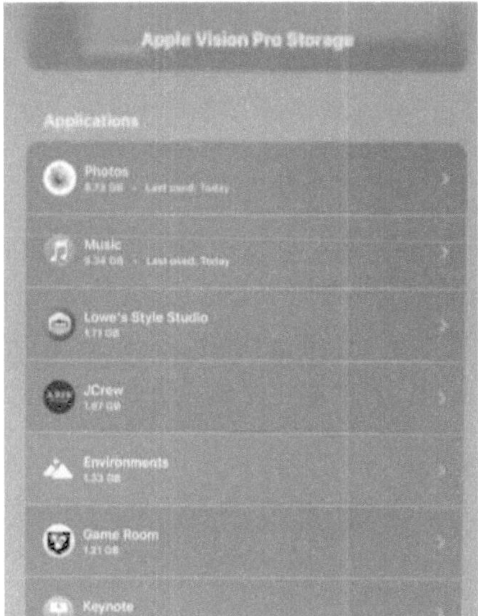

OPTISKT ID & LÖSENORD

Att betala för saker och använda ditt lösenord är lite annorlunda på Vision Pro; till skillnad från andra enheter där du kan använda ditt fingeravtryck eller ansikte, använder Vision Pro dina ögon. Om du föredrar att göra saker på det gamla hederliga sättet genom att skriva in ditt lösenord kan du växla var det används här.

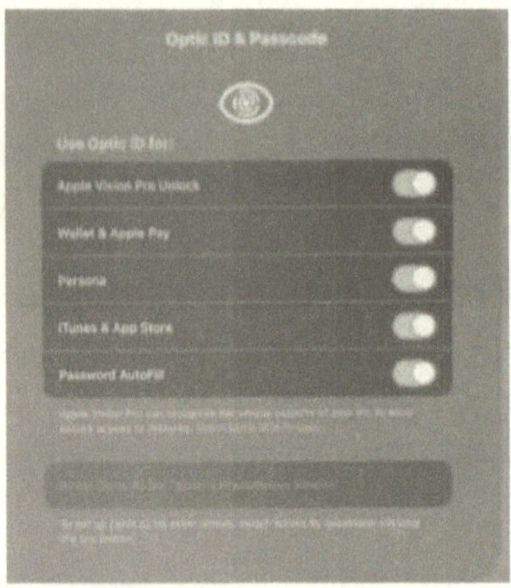

LÖSENORD

I avsnittet om lösenord ser du både rekommendationer och vilka lösenord som användes, så om du inte kommer ihåg vilket lösenord du använde för en viss webbplats kan du gå in här och se det.

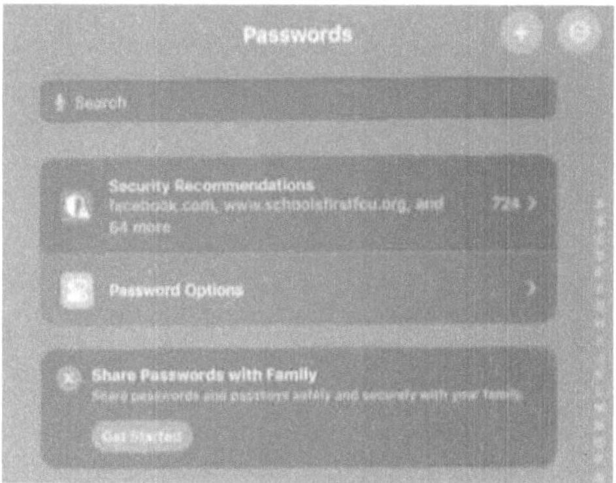

SPELCENTER

Game Center används om du vill spela spel mot vänner eller andra användare; det låter dig också spåra spelprestationer. I det här avsnittet kan du aktivera det, se ditt användarnamn och bjuda in andra att se dig.

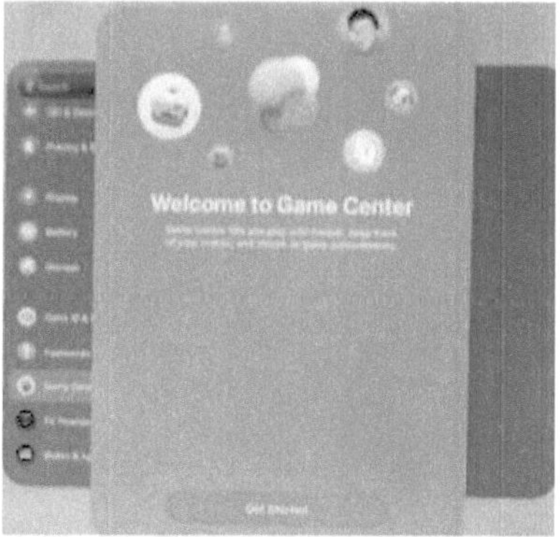

TV LEVERANTÖR

Om du abonnerar på kabel-TVkan du logga in på din leverantör i det här avsnittet; detta gör att du kan titta på vissa appar utan abonnemang.

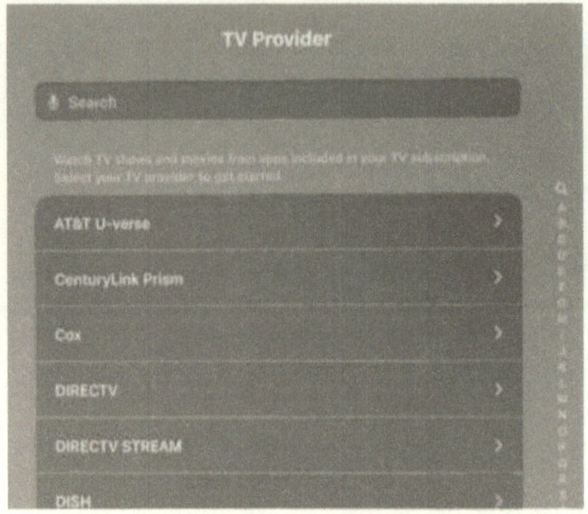

PLÅNBOK & APPLE PAY

Wallet är den plats där alla dina betalningar lagras och dit du går om du vill lägga till ett nytt kreditkort; här kan du också slå på och av Apple Cash.

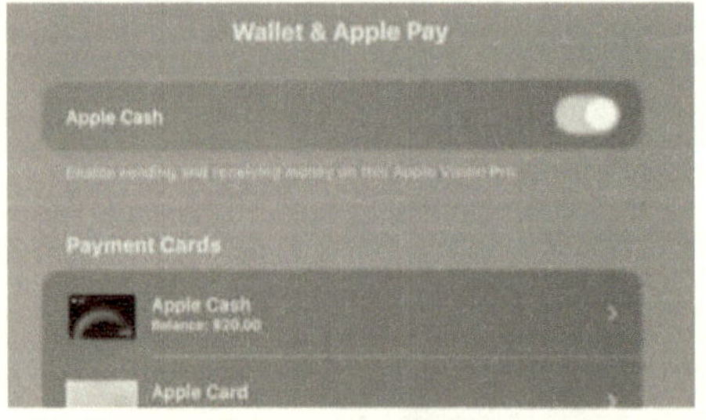

BILAGA A: ATT SKYDDA VISIONEN PRO

Låt oss prata om att hålla din coola nya Vision Pro i säkert förvar. Du har säkert hört talas om AppleCare+, och för Vision Pro är det ett alternativ som du kanske borde överväga på allvar. Här får du veta mer om vad det innebär och varför det kan vara en livräddare för din enhet.

VISIONEN PROFFSGARANTI

Redan från start får du Apple Vision Pro med ett års hårdvarugaranti och upp till 90 dagars kostnadsfri teknisk support. Det är ganska bra, men om du letar efter en mer omfattande täckning är AppleCare+ är det som gäller.

APPLECARE+

Du kan välja ett tvåårigt abonnemang till 499 USD eller ett månadsabonnemang till 24,99 USD, som löper tills du väljer att säga upp det.

Här är vad du får med AppleCare+:

- **Täckning för skador till följd av olyckor**: Vi har alla varit med om det - olyckor händer. Med AppleCare+ får du obegränsat skydd mot oavsiktliga skador, även om varje incident medför en serviceavgift. Tänk på det som ett skyddsnät för de där oops-momenten.

- **Snabb service för utbyte**: Ingen gillar att vara utan sin teknik. Med den här tjänsten får du en utbytesenhet skickad till dig, så att du inte behöver stå utan medan din egen lagas.

- **Tillgång till experter dygnet runt**: Har du en fråga kl. 02.00 på morgonen? Inga problem. AppleCare+ ger dig tillgång till Apple-experter dygnet runt.

- **Heltäckande skydd för hårdvara**: Detta omfattar din Vision Pro, batteriet och även den medföljande kabeln.

Varför överväga AppleCare+?

Jag är säker på att du har känt dig lite... lurad... av en garanti. Är AppleCare+ en bluff? Absolut inte. Det är sinnesfrid. Förhoppningsvis kommer du aldrig att behöva den, men utan den kan ett enkelt sprucket täckglas kosta dig cirka 799 dollar, och andra reparationer kan kosta så mycket som 2 399 dollar. Oj då! Med AppleCare+ minskar dessa kostnader avsevärt. Till exempel täcks andra oavsiktliga skador för 299 USD per incident.

FÅ APPLECARE+

Exakt hur får du AppleCare+? Det finns två sätt:

- **Köp när du köper**: Det enklaste sättet är att hämta den när du köper din Vision Pro.
- **60-dagars fönster**: Missade du det i kassan? Det är ingen fara. Du har 60 dagar på dig från det att du köpte enheten att skaffa AppleCare+ via inställningsmenyn eller i en Apple Store.

AppleCare+ för din vision Pro är som att ha en pålitlig sidekick, redo att rycka in när saker och ting går snett. Så oavsett om du väljer tvåårsavtalet eller månadsbetalning är det en investering i sinnesro.

BILAGA B: TILLBEHÖR

Vision Pro är inte Apples dyraste enhet någonsin; den äran går till de ursprungliga Apple-klockorna i guld - minns du dem? Det är det inte många som gör! Men de kostade som mest 17 000 dollar. Men efter att ha spenderat över 3 500 dollar på headsetet är det ännu mer du måste överväga att köpa från Apple (inte inklusive 499 dollar för Apple Care+).

Jag inkluderar inte ZEISS Optical Inserts här, eftersom jag inte skulle kalla dem valfria tillbehör - om du bär receptbelagda glasögon behöver du dem.

APPLE VISION PRO RESVÄSKA VÄSKA

Det första du vill tänka på är ett fodral. Det kommer att finnas gott om tredjepartsföretag som gör fodral (Spigen var en av de första; de har en ganska trevlig en för strax under $ 100) för Vision Pro under de närmaste månaderna och åren, men om du vill ha den officiella från Apple kommer det att kosta dig $ 199.

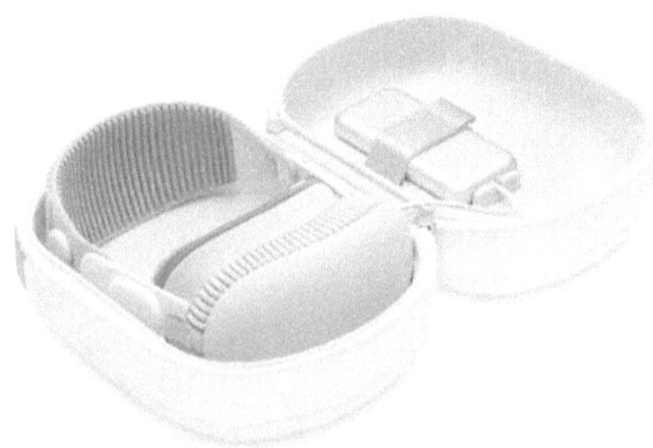

De kallar det för ett "resefodral" men realistiskt sett kommer du förmodligen att vilja ha det här för vardagsbruk. Det är ett ganska tåligt headset, men de flesta människor kommer förmodligen inte att känna sig bekväma med att slänga det på soffan eller skrivbordet och gå därifrån.

BELKIN BATTERI HÅLLARE FÖR APPLE VISION PRO

Det finns för närvarande bara ett tredjeparts-företag (bortsett från ZEISS) som Apple har samarbetat med när det gäller tillbehör: Belkin. Vision Pro-batteripaketet är något som saknas på många av Vision Pro-bilderna; det är inte så att Apple döljer det faktum att du behöver ett - de vet förmodligen bara att det ser mycket mer intressant ut när du inte har något dinglande från sidan av dig. Du kan självklart lägga den i fickan eller ha den bredvid dig, men för 49 USD har Belkin skapat en hållare för Battery så att du även kan fästa den på dig.

Behöver du den? Det beror verkligen på hur du kommer att använda Vision Pro. Om du sitter vid skrivbordet med den är sladden tillräckligt lång för att du ska kunna sätta ner den utan problem; detsamma gäller om du tittar på en film. Det som kan bli lite besvärligt är om du tränar eller rör på dig - särskilt om du har på dig något som inte har fickor. Om du inte vill spendera 49 dollar är det här en sak som du förmodligen kommer att hitta många mycket billiga lösningar för av andra tredjepartsföretag.

APPLE VISION PRO-BATTERI

Du kan köpa extra exemplar av nästan varje enskild del på Vision Pro. Behöver du det? Om du delar enheten med familjemedlemmar, och deras huvudstorlek är större, kan det vara en bra investering. Men för de flesta är svaret nej. En sak som dock kan vara bra att ha är ett extra batteri för 199 USD.

Vision Pro håller i ca 2 timmar vid normal användning. Om du befinner dig på en flygning är det förmodligen inte tillräckligt med tid. Men, och det här är ett viktigt men, du kan ladda batteripaketet medan du använder det. Du kan också ladda batteripaketet med ett USB-C batteripaket medan du använder det. Ett extra batteripaket kan vara bekvämare för vissa personer, men det finns många sätt att fortsätta använda din Vision Pro utan det.

MAGISKT TANGENTBORD

Vision Pro har ett inbyggt tangentbord på skärmen. Den har också en mycket lättanvänd diktering. Tangentbordet tar lite tid att vänja sig vid, men det är ganska intuitivt när man väl har fått kläm på det. Men om du planerar att använda din Vision Pro tillsammans med din Mac för att få jobbet gjort är det bra att ha ett tangentbord. Apples officiella lösning är Magic Keyboard för 99 dollar. Du kan dock tekniskt sett använda de flesta Bluetooth-tangentbord.

Du kan också para Vision Pro med styrplattor och musar. Borde man göra det? Återigen handlar det om komfort och hur du använder Vision Pro. Om du använder den mycket för produktivitet och grafisk design, så kanske. Apples officiella styrplatta kostar 129 dollar, men du kan använda i stort sett vilken Bluetooth-mus som helst som du har vid ditt skrivbord. Som sagt, ögonstyrning är mycket bättre än att skriva på skärmen, så du kanske vill prova det innan du spenderar de extra pengarna på en mus.

Personligen har jag en Apple-mus och ett Apple-tangentbord, och jag köpte en akrylbricka (den kostade ca 30 dollar på Amazon) att placera dem i. Så när jag använder min Vision Pro i jobbet har jag tangentbordet och musen i knät (se bilden nedan).

AIRPODS PRO (2:A GENERATIONEN)

Visionen Pros ljud kommer förmodligen att slå dig med häpnad - och även irritera personen som sitter bredvid dig, som inte kan se vad du ser! Om du umgås med andra och behöver ljud är AirPods Pro en bra investering (2:a generationen har även USB-C laddning). Du kan tekniskt sett använda vilket Bluetooth-headset som helst, men det är bara AirPods Pro som har spatialt ljud.

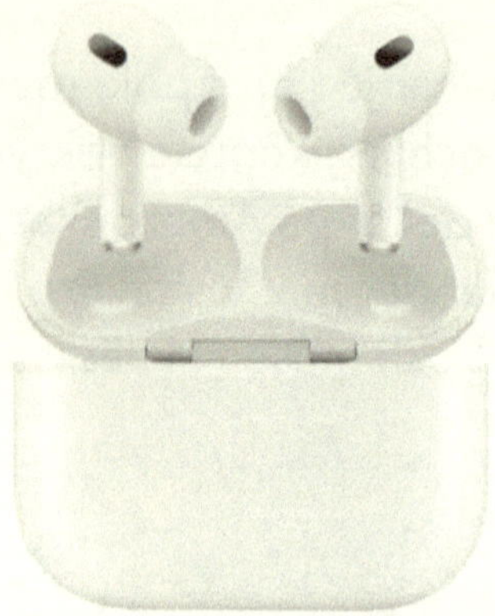

SONY PLAYSTATION® DUALSENSE™ TRÅDLÖS HANDKONTROLL

Det sista du kanske vill köpa är en spelkontroll. Apple marknadsför Sony-kontrollen (69,95 USD) i Apple Store-appen, men de flesta spelkontroller fungerar alldeles utmärkt.

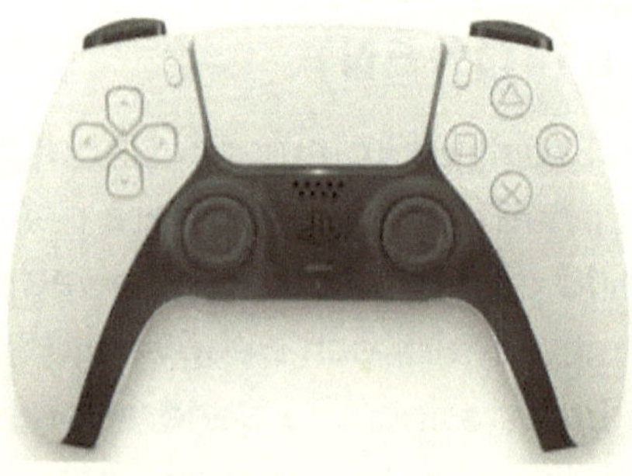

Allt som finns på Vision Pro fungerar utan hand-kontroll, men vissa spel fungerar bättre om du har en handkontroll.

INDEX

OM FÖRFATTAREN

Scott La Counte är UX-designer och författare. Hans första bok, *Quiet, Please: Dispatches from a Public Librarian* (Da Capo 2008) var redaktörens val i Chicago Tribune och en Discovery-titel i Los Angeles Times.

Han har skrivit dussintals bästsäljande handböcker om tekniska produkter.

Han undervisar i UX Design vid U.C. Berkeley.

Du kan kontakta honom på ScottDouglas.org.